Prof. Dr. Franz Decker
Brigitte Bäcker

Kinesiologie für die ganze Familie

Prof. Dr. Franz Decker • Brigitte Bäcker

Kinesiologie für die ganze Familie

Ravensburger Ratgeber im Urania Verlag

Weitere Titel zum Thema:
Prof. Dr. Franz Decker / Brigitte Bäcker: Kinesiologie mit Kindern. 3-332-00830-7

Die Autoren: Prof. Dr. Franz Decker ist erfahrener Gesundheitsexperte und Unternehmensberater sowie Autor von mehr als 50 Büchern. Er führt Ausbildungen zur Gesundheits- und Mentalberatung durch. Das vorliegende Buch basiert auf seiner Kinesiologie-Ausbildung, auf seiner mentalpädagogischen Forschungsarbeit sowie auf umfangreichen praktischen Erfahrungen.
Brigitte Bäcker ist Heilpraktikerin mit langjähriger Ausbildung in Kinesiologie mit den Spezialgebieten funktionelle Neurologie, Augentraining und orthomolekulare Therapie. Mit Osteopathie, Kraniosakral-Osteopathie, Akupunktur und Wirbelsäulen-Therapie nach Dorn ergänzt sie erfolgreich die Methoden der angewandten Kinesiologie. Sie ist Mitglied beim International College of Applied Kinesiology. Sie integrierte die praktischen Erfahrungen ihrer Arbeit mit Kindern und Erwachsenen in das vorliegende Buch. Neben ihrer Praxistätigkeit bietet sie Fortbildungen für Therapeuten und Laien an.

Die Deutsche Bibliothek – CIP-Einheitsaufnahme
Ein Titeldatensatz für diese Publikation ist bei Der Deutschen Bibliothek erhältlich.

www.dornier-verlage.de
www.urania-ravensburger.de

1. Auflage März 2002
© 2002 Urania Verlag, Berlin
Der Urania Verlag ist ein Unternehmen der Verlagsgruppe Dornier.

Umschlaggestaltung: Behrend & Buchholz, Hamburg
Titelfoto und Seite 57: Angelika Brozio
Fotos: Wolfgang Beck, Friedrichshafen, außer Seite 28, 41, 81, 89: Brigitte Bäcker
Zeichnungen: Andreas Rimmelspacher, Seehausen (S. 93, 94, 95, 96, 97, 101, 118), Martin Schulze (S. 45, 46, 47, 48, 50, 51, 52, 54, 61, 63, 67, 78, 87, 96 (2. v. o.), 100, 107, 109, 114, 115, 116, 119, 120)
Redaktion: Jeanette Stark-Städele
Satz: Thoms Buchdesign, Berlin
Druck: Westermann Druck Zwickau
Printed in Germany

Gedruckt auf alterungsbeständigem Papier mit chlorfrei gebleichtem Zellstoff

ISBN 3-332-01306-8

Inhalt

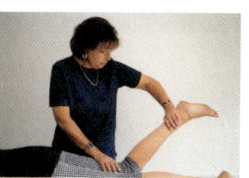

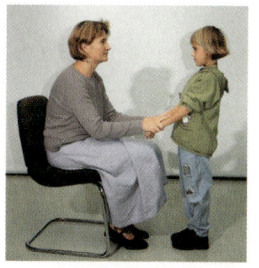

Vorwort

Liebe Leserin, lieber Leser,

der Alltag ist manchmal hart, die Kraft reicht oft nicht aus. Hetze, Tempo und Ärger erzeugen schlechte Stimmung. Muss ich mein Leben ändern? Kinder, Küche, Karriere, Partnerschaft – das alles unter einen Hut zu bringen, ist oft nicht einfach. Manchmal bin ich wie blockiert.

Die Kinesiologie kann uns helfen, zu neuer Kraft zu kommen, Stress und Energieblockaden aufzulösen und mehr aus dem Leben zu machen. Kinesiologie ist ein Regenerations- und Aktivierungssystem für Körper, Geist und Emotionen. Der Energiefluss lässt sich mit zum Teil einfachen Techniken, mit Bewegungsübungen, mit dem Drücken und Rubbeln von Körperstellen aktivieren und in die Balance bringen. Blockaden und Verspannungen im Körper, aber auch im Kopf, werden aufgelöst, der Stress abgebaut und die Selbstaktivierungskräfte gesteigert. Das Gehirn wird startklar gemacht. Vater, Mutter, Kinder, Oma und Opa, die ganze Familie fühlt sich danach besser und ist geistig und körperlich fit.

Kinesiologie „kann zu einem gesteigerten physischen, mentalen, emotionalen und spirituellen Wohlbefinden führen". (Kinesiology Federation, Großbritannien)

Sie sehen, mit Kinesiologie können Sie etwas für die ganze Familie tun. Müdigkeit und Antriebslosigkeit, Gereiztheit und Stress, ein blockierter Kopf, emotionale Belastungen und schlechte Laune, Konflikte in der Familie – alles das muss nicht sein. Kinesiologie kann regulierend eingreifen.

Nach dem großen Erfolg unseres Einstiegsbuchs „Kinesiologie mit Kindern" liegt nun ein weiteres Praxisbuch vor, welches Ihr Leben in die Balance bringen kann und Ihnen hilft, mit dem Alltag zwischen Ich – Familie – Beruf – Freizeit besser fertig zu werden. Sie lernen, alte Muster durch neue zu ersetzen und miteinander glücklich zu leben.

Das vorliegende Buch, das auf langjährigen Ausbildungen sowie umfangreichen Erfahrungen basiert, bietet Ihnen dank der vielen Übungen ein Trainingssystem für den Alltag. Die Selbstbehandlung hat jedoch ihre Grenzen. Sinnvoll ist es, sich auch an professionell ausgebildete Kinesiologen zu wenden.

Es gilt jedoch: Nur regelmäßiges Üben bringt Erfolg. Doch dieses Üben macht Spaß – wie Sie sehen werden. Vielleicht können Sie die ganze Familie dazu motivieren. Die leichten Bewegungsübungen sind der Schlüssel zu mehr Energie und Wohlbefinden.

Wir wünschen Ihnen beim Durcharbeiten des Buches und beim Üben viel Spaß und Erfolg.

Ravensburg / Meersburg, August 2001
Prof. Dr. Franz Decker, Brigitte Bäcker

Wie kann Kinesiologie helfen?

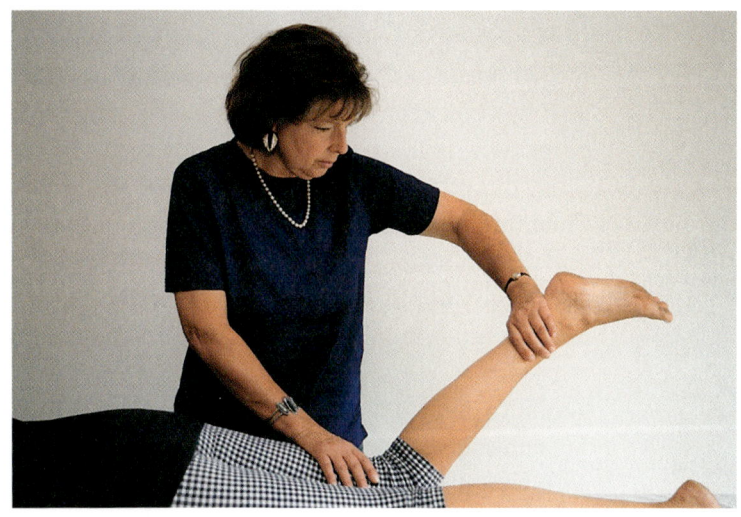

Die Kinesiologie hat viele Gesichter. Allen Methoden liegt die Lehre von der Bewegung der Muskeln zugrunde. Sie zielen darauf ab, den Körper und den gesamten Menschen ins Gleichgewicht zu bringen und Blockaden, die auch seelischer Natur sein können, zu lösen.

Das Wesen der Kinesiologie

Kinesiologie ist die Lehre von den Bewegungen der Muskeln.

„Kinesiologie hat etwas mit Energie zu tun." – „Kinesiologie, das sind doch diese Übungen für das Gehirn." – Ist Kinesiologie nicht eine bioenergetische Diagnose?" – „Kann man mit Kinesiologie nicht psychische Probleme austesten?"

Alle diese Aussagen sind zutreffend. Kinesiologie ist so vielschichtig und vielseitig, dass man sie nicht mit einem Satz beschreiben kann. Kinesiologie bedeutet zunächst nichts anderes als die Lehre von den Bewegungen der Muskeln und weist damit bereits auf den Ursprung der Methode, auf die Chiropraktik, hin. Kinesiologie hat also etwas mit Bewegung und mit Muskeln zu tun.

George Goodheart, ein amerikanischer Chiropraktiker, entdeckte durch Zufall Zusammenhänge zwischen bestimmten Muskeln, Meridianen (Energiebahnen) und Organen. Er behandelte den Muskel eines Patienten ohne sichtlichen Erfolg. Aufgrund der Beschwerden des Patienten massierte er daraufhin eine Organ-Reflexzone und der Muskel wurde wieder funktionsfähig, ohne dass direkt am Muskel manipuliert worden war. Wie war das möglich? Goodheart versuchte dasselbe mit anderen Muskeln und anderen Massagepunkten und es funktionierte. Auf diese Weise fand er heraus, dass es zu jedem Akupunkturmeridian einen oder mehrere Muskeln gibt. Die Schwäche oder Blockade eines Muskels gibt also Hinweise darauf, in welchem Meridian die Energie blockiert ist.

Bewegung und Muskeln begegnen uns in allen Varianten der Kinesiologie. Bewegung ist Leben. Bewegung ist die Voraussetzung für körperliche, seelische und geistige Gesundheit. Wenn Bewegung nicht oder nur eingeschränkt möglich ist, entsteht Krankheit.

Die Kinesiologie hat jedoch viele Gesichter und viele Bereiche. Damit Sie im Bedarfsfalle den richtigen Therapeuten für sich oder Ihre Familienangehörigen auswählen können, möchten wir Ihnen einige Bereiche innerhalb der Kinesiologie vorstellen.

Touch for Health

Die Schüler Goodhearts bildeten zwei Gruppen. John F. Thie entwickelte ausgehend von den Erkenntnissen Goodhearts die Methode „Touch for Health" (Gesund durch Berührung). Er wollte für Laien eine Möglichkeit schaffen, sich energetisch ins Gleichgewicht zu bringen, das Immunsystem zu stärken und die Selbstheilungskräfte anzuregen. Der Muskeltest (siehe Seite 21 ff.) wird dabei als Biofeedback-Instrument verwendet, der es erlaubt, den energetischen und emotionalen Zustand des Getesteten zu erfahren. Der Muskel zeigt auch, was dem Körper fehlt, um wieder ins Gleichgewicht zu kommen; d. h. er wird wieder stark, wenn wir das Richtige tun, die richtigen Nahrungsmittel essen oder neue positive Gedanken entwickeln.

Touch for Health hilft bei Schmerzen des Bewegungsapparates, Kopfschmerzen, Stress u. Ä.

Die Korrektur der schwachen Muskeln geschieht über Akupressurpunkte, lymphatische und vaskuläre (die Blutgefäße betreffend) Reflexzonen und durch das Auflösen seelischer Ursachen. Das Korrigieren oder Ausgleichen der schwachen Muskeln wird Balance genannt. Ein Mensch, der im Gleichgewicht, in seiner Mitte oder eben in der Balance ist, ist gesund und leistungsfähig.

Bei dieser Methode werden mindestens 14 Muskeln getestet. Jeder Muskel gehört zu einem Organ oder Funktionskreis bzw. zu einem Akupunktur-Meridian. Die schwachen Muskeln geben Hinweise auf gestörte Energiekreisläufe. Ist beispielsweise der breite Rückenmuskel schwach, deutet dies auf eine

Energieblockade im Milz-Pankreas-Meridian hin, ein schwacher Oberschenkelmuskel zeigt eine Blockade im Dünndarm-Meridian an usw.

Die schwachen Muskeln werden mit Hilfe von sanften Berührungstechniken wieder gestärkt und damit wird blockierte Energie wieder aktiviert.

Touch for Health gehört in den Bereich der Prävention und war primär nicht als Therapie gedacht, hilft aber lindernd und ausgleichend bei vielen Schmerzen des Bewegungsapparates, bei Kopfschmerzen, bei Stress und vielen anderen Störungen. Es stellt ein einfaches und natürliches Konzept zur Gesundheitsvorsorge dar (siehe Seite 98 ff.).

Edu-Kinesiologie

Edu-Kinesiologie optimiert das Zusammenspiel beider Gehirnhälften.

Später wurde von dem Pädagogen Dr. Paul E. Dennison die Edu-Kinesiologie entwickelt. Der Schwerpunkt dieser Methode liegt auf dem Gehirn und den Gehirnfunktionen. Lernschwierigkeiten, Konzentrationsprobleme, Legasthenie usw. sind oft die Folge der fehlenden Zusammenarbeit der beiden Hirnhälften.

Jede Hirnhälfte hat ganz unterschiedliche Aufgaben. Die linke Hirnhälfte ist die rationale, mathematisch denkende Hälfte. Hier sitzt auch das Sprachzentrum. Die rechte Hälfte dagegen funktioniert stärker gefühlsorientiert, kreativ, ganzheitlich, bildhaft. Die beiden Teile sind durch ein Bündel von Nervenfasern, das Corpus callosum, verbunden.

Zum Lernen von Neuem, ja für jede Tätigkeit, benötigen wir beide Hirnhälften. Nehmen wir z. B. das Schreiben eines Aufsatzes. Bei einem Schüler, der nur seine linke Hirnhälfte benutzt, wird der Aufsatz ein nüchterner, klarer Bericht: „Dann war das, dann machte er das." Der Aufsatz wird meist zu kurz.

Es fällt dem Kind einfach nichts ein, was es noch schreiben könnte. Der Schüler mit Rechtshirn-Dominanz dagegen würde das Thema ausschmücken. Oft findet er kein Ende oder verfehlt vor lauter schmückendem Beiwerk das Thema.

Die Aufgaben der Gehirnhälften

Links – Logik	*Rechts – Gefühl*
Logisch, mental	Intuitiv
Rational	Emotional
Analyse	Synthese
Objektiv	Künstlerisch
Ordnungsliebend	Subjektiv
Planung	Extrovertiert
Liebt Zahlen, Formeln	Fließend und spontan
Sprachorientiert	Simultanes Denken
Bevorzugt reden und schreiben	Bilder
Zielbewusst	Gefühlsorientiert
Kontrolliert Gefühle	Malen und Zeichnen
	Kein Zeitgefühl

Unter Stress wird die Verbindung der beiden Hirnhälften unterbrochen, wir reagieren und handeln nur noch eingleisig. Unsere Reaktionen und Entscheidungen fallen entweder nur noch gefühlsbetont oder rein rational aus. Wir sind nicht mehr in der Lage, abzuwägen und alle Möglichkeiten in Betracht zu ziehen.

Die Edu-Kinesiologie setzt den Muskeltest (siehe Seite 21 ff.) ein, um visuelle, auditive, emotionale und Hirnintegrations-Blockaden zu erkennen. In so genannten Brain-Gym- oder Edu-K-Balancen werden verschiedene Muskeln als Indikator für die Dimensionen Lateralität, Zentrierung und Fokus verwendet sowie die bei einer Blockade jeweils erforderlichen Übungen ausgetestet. Die „Dennison-Lateralitätsbahnung" ist das Kernstück dieser Übungen und besteht aus einer Serie von kontralateralen und homolateralen Bewegungen, kombiniert mit bestimmten Blickrichtungen. Über den Muskeltest werden auch die Blockaden festgestellt, die zur verminderten geistigen Kapazität führen. Durch Stressabbau und gezielte Bewegungen („Brain-Gym" oder „Hirn-Gymnastik") werden die Hirnintegration gefördert und das Lernen erleichtert.

Lernprobleme können aber auch auf psychischen, physischen und emotionalen Ursachen beruhen. Die Technik „Three in one concepts" geht durch tiefer gehende Tests auf solche Ursachen ein. Spezielle Techniken zum Lösen von Muskelverspannungen oder Energieblockaden gehören ebenso zum Programm wie das Lösen von emotionalen Blockaden.

Die psychische Kinesiologie

Über den Muskeltest können die für Blockaden und Ängste verantwortlichen Ursachen und Emotionen erkannt werden.

Im Vordergrund dieser Methoden stehen emotionale Blockaden, die mit dem gerade bearbeiteten Problem zu tun haben. So können Depressionen, Ängste und Phobien, Beziehungsprobleme, Prüfungsangst, aber auch Krankheiten und Beschwerden durch aktuellen Stress oder durch verdrängte, nicht verarbeitete Kindheitserlebnisse entstehen.

Über den Muskeltest können diese emotionalen Ursachen erkannt werden.

Der Patient denkt an ein schönes Erlebnis. Der Testmuskel wird stark bleiben. Jetzt denkt er an eine Stress-Situation oder an eine unangenehme Aufgabe. Der starke Muskel wird schwach. Dieses Vorgehen funktioniert bei Erwachsenen ebenso wie bei Kindern. Auf diese Art kann genau festgestellt werden, ob die schulischen Probleme mit dem Lehrstoff oder mit dem Lehrer zusammenhängen oder ob vielleicht Angst vor Mitschülern oder Angst vor Tests die Ursache sind.

In Stress-Situationen sind wir nicht mehr fähig, klar und objektiv zu denken. Das Blut im Gehirn wird in die tieferen Regionen geleitet, wo Instinkte und Überlebensmechanismen ablaufen. War z. B. ein bestimmtes Kindheitserlebnis mit Angst verbunden, werden unsere Reaktionen der Gegenwart in ähnlichen Situationen immer wieder mit Angst ablaufen, auch wenn das gegenwärtige Ereignis objektiv gesehen nicht beängstigend ist. Krankheiten können beispielsweise auf dem Verhaltensmuster beruhen, dass man als Kind nur umsorgt und beachtet wurde, wenn man krank war. Das Unterbewusstsein sorgt nun dafür, dass das Bedürfnis nach Beachtung durch Krankheit ausgedrückt wird.

> Ziel der psychischen Kinesiologie ist es, die eingespeicherten Programme durch neue Einsichten und Erkenntnisse zu ersetzen oder umzuprogrammieren.

Nachdem der Patient sich an die Situation erinnert hat, wird sie „verändert", d. h. der „Computer" wird neu programmiert. Hier bieten sich NLP-Techniken wie die Bild- oder Film-Technik, Farben und Symbole an. Aber auch kleine Rollenspiele können sehr hilfreich sein.

Das NLP – das neurolinguistische Programmieren – ist ein komplexes Kommunikations- und Selbstmanagementmodell, mit dem es möglich ist, das subjektive Erleben so zu gestalten, dass veraltete unliebsame Muster den heutigen Bedürfnissen entsprechend verändert werden können.

Die Teilung des Gehirns

Neben der Einteilung in rechte und linke Hirnhälfte geht die Kinesiologie auch von einer Teilung in Vorder- und Hinterhirn aus. Das Vorderhirn, genauer gesagt, die Großhirnrinde, in der Kinesiologie als ZBAD (Zone für bewusst assoziatives

Je nach psychischer Verfassung reagiert der Mensch mit dem Vorder- oder mit dem Hinterhirn.

Denken) bezeichnet, ist der Bereich für logisches Denken, für das Gegenwartsbewusstsein. Alle Informationen kommen hier an, werden bearbeitet und weitergeleitet. Im Idealfall benutzen wir diesen Bereich, um angemessen zu handeln, zu reagieren und Entscheidungen zu treffen. Doch dieser Idealfall ist selten, denn emotionaler Stress unterbindet ihn. In einer Stress-Situation reagieren wir mit dem Hinterhirn.

Hier, besser gesagt im Hypothalamus-Bereich, befindet sich unser Ego, das Unterbewusstsein und das Kampf- und Flucht-Zentrum. Dieser Bereich wird auch allgemeine Integrations-Zone genannt (AIZ). Das AIZ ist aufs Überleben bedacht und ruft deshalb bei Stress ein uraltes Notprogramm auf, das Kampf- und Flucht-Verhalten.

Wahrnehmung und Erfahrung

Unsere Reaktionen, unser Fühlen und Handeln werden bestimmt durch Erfahrungen der Vergangenheit und dadurch, wie wir diese Erfahrungen bewerten. Angenommen, etwas passiert. Unser Glaubenssystem, also unser Ego, macht aus diesem Erlebnis eine negative oder eine positive Wahrnehmung. Wir sehen und hören nur das, was wir sehen und hören wollen. Wir kleben in das Fotoalbum unserer Erinnerung nur die Bilder, die wir anschauen können oder wollen, die anderen lassen wir einfach verschwinden. Denn die Aufgabe des Ego ist es, uns vor Angst und Schmerz zu bewahren.

Das AIZ speichert alle Erfahrungen und Empfindungen und verbindet sie mit aktuellen Erlebnissen. Es funktioniert wie ein Computer, der laufend hereinkommende Daten mit den bereits vorhandenen vergleicht.

Die typische Stress-Situation unserer Vorfahren war die Begegnung mit dem berühmten Säbelzahntiger. Langes Nachdenken (mit dem ZBAD) wäre tödlich gewesen. Blitzschnelles Handeln war gefragt – entweder kämpfen oder fliehen.

Dazu mussten Energien bereitgestellt oder vorhandene neu verteilt werden. Um dies zu bewerkstelligen, schüttet die Nebenniere Stresshormone aus, wie Adrenalin und viele andere, die für den so genannten Blackout verantwortlich sind.

Ob wir lieber kämpfen oder fliehen, hängt mit unseren Erfahrungen zusammen. Wenn mein Ego einmal zu dem Schluss gekommen ist, dass man besser durchs Leben kommt, wenn man still und bescheiden ist, sich zurückzieht und niemals auffällt, werde ich dieses Muster immer dann anwenden, wenn es nötig erscheint, Angst oder Schmerz zu vermeiden.

Blockaden der Vergangenheit bestimmen unser Verhalten.

Ein anderer hat die Erfahrung gemacht, dass es besser ist, zu schreien, zu rebellieren und anzugreifen. Aber beide Reaktionsweisen – kämpfen oder fliehen – geschehen ohne unsere freie, bewusste Entscheidung. Unbewusste Glaubenssätze bestimmen unser Verhalten – Glaubenssätze wie „Ich werde von allen abgelehnt", „Man kann niemandem vertrauen", „Alle Männer sind schlecht" usw.

Wenn wir nun in eine Situation geraten, werden in unserem Hirn die jetzigen mit den vergangenen Erfahrungen verglichen und wir reagieren nach alten eingespeicherten Mustern und Programmen, auch wenn diese der Situation nicht mehr entsprechen.

Wir haben in der Vergangenheit unbewusst den Ereignissen die Macht gegeben, uns zu blockieren. Wenn wir beim Beispiel des Computers bleiben, könnte man sagen, durch die Veränderung der Situation in der Vergangenheit programmieren wir das Programm neu. Wir geben unserem Gehirn neue Informationen, auf die es zurückgreifen kann. Indem wir die Wahrnehmung in der Vergangenheit verändern, ändern wir die Reaktionen für die Zukunft, wir schaffen uns wieder eine Wahlmöglichkeit.

Um tief liegende emotionale Blockaden zu lösen, ist es wichtig, die in der Kindheit entstandenen Muster zu finden.

Die Körper-Seele-Zusammenhänge

Eine Heilung des Körpers kann nur erfolgen, wenn auch die emotionale Ebene einbezogen wird.

Neue Forschungen auf diesen Gebieten, die sich Psychobiologie und Psychophysiologie nennen, haben mittlerweile große Fortschritte auf der Suche nach den Körper-Seele-Zusammenhängen gemacht. Wir möchten versuchen, diese Zusammenhänge auf möglichst einfache Weise darzulegen.

Alle Eindrücke, die wir erhalten, werden zunächst in der Großhirnrinde des Vorderhirns aufgenommen, verarbeitet und über Nerven an eine wichtige Region im Mittelhirn weitergeleitet, das limbische System. Das limbische System ist für die Steuerung der Gefühle und der Körperphysiologie verantwortlich. Im Zentrum des limbischen Systems liegt der Hypothalamus. Diese Drüse ist sensorisch sowohl mit der Großhirnrinde als auch mit der Körperbiologie verbunden und steuert über das Nervensystem elementare Körperfunktionen wie Hunger, Durst, Sexualität, Temperatur, Puls, Blutdruck usw. Und hier findet die Umwandlung von emotionalen Informationen in so genannte Botenmoleküle oder Neuropeptide statt.

Diese Neuropeptide stellen also die Verbindung zwischen unserem Gehirn und dem Körper dar. Das bedeutet, dass die Seele über diese Neuropeptide, gemeinsam mit Hormonen und über das Zentralnervensystem als Vermittler, Zugang zu allen Organen hat und ihre Funktion beeinflussen kann. Diese Verbindung erklärt die rein körperlichen Reaktionen auf emotionale Zustände, wie z. B. das rote Gesicht bei Wut oder das Herzklopfen bei Angst oder freudiger Erregung, oder eben, bei länger dauernden Belastungen, auch die Krankheiten.

Health-Kinesiologie

Ähnlich wie Touch for Health ist auch die Health-Kinesiologie ein umfassendes System der Energiearbeit. Die Health-Kinesiologie geht davon aus, dass jedes körperliche, geistige oder seelische Problem mit einer Störung oder Disharmonie im Meridian- und im feinstofflichen Energiesystem einhergeht.

Der Muskeltest dient auch hier als Indikator, um die Ursachen der Störungen sowie die erforderlichen Korrekturen zur Harmonisierung der Störungen zu finden. Begründer der Methode ist Dr. Jimmy Scott. Die Methode wird vor allem von Heilpraktikern, aber auch von Ärzten mit großem Erfolg angewendet.

Darüber hinaus sind inzwischen eine Vielzahl kinesiologischer Methoden entstanden. Dazu zählen beispielsweise HEBS (Human Energy Balance System), eine Methode, die das Thema Allergie als Schwerpunkt hat, Neuralkinesiologie, holistische Kinesiologie, systemische Kinesiologie und viele andere. Oft sind Kombinationen mit anderen naturheilkundlichen oder esoterischen Methoden entstanden. Es ist für Anfänger oft schwer, sich in diesem Angebot zurechtzufinden.

Applied Kinesiology

Eine andere Studenten-Gruppe um Goodheart gründete die Applied Kinesiology. Diese Form der Kinesiologie ist nur Angehörigen medizinischer Berufe zugänglich. Ärzte, Zahnärzte, Physiotherapeuten, Gynäkologen und Heilpraktiker haben sich zur internationalen Ärztegesellschaft für Applied Kinesiology (IÄAK) und zum International College of Applied Kinesiology (ICAK) zusammengeschlossen.

Störungen zwischen den Körpersystemen führen oft zu Krankheiten.

Neben energetischen Methoden wie der Akupressur stehen hier vor allem manuelle osteopathische und kraniosakrale Techniken wie Wirbel- und Beckenkorrekturen, Korrekturen im Kieferbereich, die kraniosakrale Therapie, die funktionelle Neurologie und die orthomolekulare Therapie im Vordergrund.

Jedes Organsystem, jeder Regelkreis steht in Zusammenhang mit anderen Körpersystemen. Ziel der Applied Kinesiology ist es, Störungen innerhalb dieser Systeme zu erkennen und zu behandeln. Zur Diagnose werden neben Muskelreaktionen auch Teststoffe wie Medikamente, Nosoden (homöopathische Teststoffe) oder orthomolekulare Substanzen verwendet. Die Testmethode der Applied Kinesiology wird von den Mitgliedern der IÄAK als Ergänzung zu medizinischen Tests und Untersuchungen eingesetzt

Vor allem, wenn es um organische Störungen geht, sind eine exakte Anamnese, ein medizinisches Wissen um körperliche Zusammenhänge und Stoffwechselzusammenhänge unentbehrliche Voraussetzungen. Aber auch geistige und psychische Störungen bei Kindern und Erwachsenen sind oft nicht nur ein energetisches oder psychisches Problem, sondern auch die Folge von Stoffwechselkrankheiten.

Wann wird Kinesiologie eingesetzt?

Ziel der Kinesiologie ist es, die Stressfaktoren zu erkennen und aufzulösen.

Kinesiologie wird von Ärzten, Heilpraktikern und Kinesiologen auf unterschiedliche Weise angewendet.

Manche Ärzte verwenden nur Teilbereiche der Kinesiologie für ihre Arbeit, wie z. B. den kinesiologischen Allergietest oder das Austesten von homöopathischen Mitteln oder anderen Medikamenten. Andere wenden kinesiologische Techniken nur im psychischen Bereich an. Physiotherapeuten verwenden den Muskeltest (siehe Seite 21 ff.) zum Herausfinden und Behandeln von Muskel-, Gelenk- oder Wirbelblockaden.

Grundsätzlich kann jedes psychische und körperliche Problem mit Kinesiologie behandelt werden.

Der Muskeltest

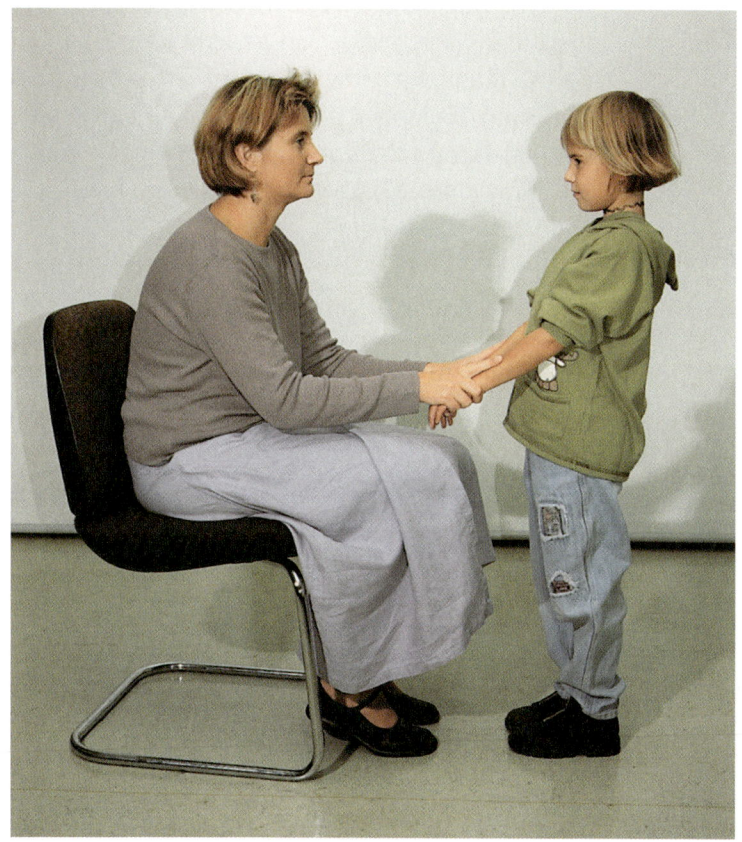

Der Muskeltest ist das diagnostische Werkzeug der angewandten Kinesiologie. Er zeigt die Ursachen körperlicher wie seelischer Störungen an und ist die Basis jeder Therapie.

Das Gleichgewicht

Der Muskel zeigt uns, wenn wir nicht im Gleichgewicht sind.

Wer kennt nicht die Tage, an denen man eigentlich ganz gut gelaunt aufgestanden ist. Aber irgendwann im Laufe des Tages merkt man, dass etwas nicht stimmt. Man fühlt sich nicht wohl, ohne genau sagen zu können, was los ist. Haben wir nur etwas „Schlechtes" gegessen oder sind wir jemandem begegnet, der in uns unbewusste negative Gefühle erzeugt hat? Mit dem kinesiologischen Muskeltest kann man solche Ursachen herausfinden.

> Das „Instrument" bei allen Richtungen innerhalb der Kinesiologie ist der Muskeltest. Über den Muskeltest wird festgestellt, was uns aus dem Gleichgewicht, aus der Balance bringt, was unsere innere Harmonie stört.

Diese Ursachen können innere oder äußere Reize sein. Zu den inneren Ursachen gehören emotionaler Stress, Alltagsängste und Sorgen. Zu den äußeren Reizen gehören die Umwelteinflüsse, die Ernährung, Bewegungsmangel oder Überbeanspruchung. Kurz gesagt: Wir testen Stress.

Testmethoden

Es gibt zwei Arten, den Test durchzuführen.

Bei *Touch for Health* und allen anderen kinesiologischen Techniken wird der Test sehr sanft ausgeführt. Der Tester prüft, ob der Muskel hält oder schwach reagiert. Man möchte die subtilen, energetischen Botschaften des Körpers aufdecken. Vereinfacht ausgedrückt könnte man sagen: Bei den meisten kinesiologischen Methoden wird Energie getestet. Die Korrekturen sind schwerpunktmäßig energetischer und emotionaler Art.

Bei der *Applied Kinesiology* dagegen wird der Körper getestet, seine Reaktion auf Reize von außen. Durch Therapielokalisation (Berühren von Körperzonen) werden körperliche Blockaden wie Organe, Gelenke, Wirbel getestet. Die Testmethoden unterscheiden sich von denen der anderen kinesiologischen Richtungen. Bei der von Mitgliedern des ICAK oder IÄAK verwendeten Test-Methode muss die getestete Person nicht nur dem leichten Druck des Testers standhalten, sondern wendet von sich aus Kraft auf, der der Tester mit erhöhtem Druck begegnet. Danach wird jeder Muskel daraufhin geprüft, ob er sich entspannen lässt. Das kann durch Sedieren (Beruhigen) des Muskels selbst oder durch Sedieren eines Akupunkturpunkts geschehen. Dieses Prüfen jedes Muskels auf seine Entspannungsfähigkeit unterscheidet im Wesentlichen die *Applied Kinesiology* von anderen kinesiologischen Methoden.

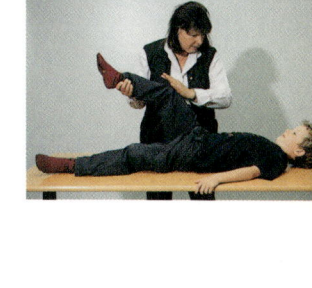

Durch das Überprüfen wird das Testen sehr genau, da neben den schwachen Muskeln auch blockierte Muskeln auf ein Problem, eine Allergie, eine Verspannung u. Ä. hinweisen können. Vor allem im medizinischen Bereich ist diese Genauigkeit eine wichtige Voraussetzung, um eine richtige Diagnose stellen zu können.

Auf welche Weise funktioniert der Muskeltest?

Gleichgültig, ob es sich um muskuläre Verspannungen, um psychische oder energetische Blockaden oder um das Diagnostizieren von Allergien handelt, der Muskeltest ist das „Werkzeug der Kinesiologie".

Viele Menschen fragen nach der wissenschaftlichen Erklärung für den Muskeltest. Es gibt verschiedene Erklärungs-

Die Muskeln testen bedeutet Stress testen.

modelle. Die einfachste und auch für sehr rational denkende Menschen nachvollziehbare Erklärung ist das Stress-Modell des Stressforschers Hans Selye. Selye befasste sich sehr intensiv mit den verschiedensten Auswirkungen von Stress auf den menschlichen Organismus und hat in jahrelanger Forschung das folgende Stress-Konzept entwickelt.

Das Stress-Konzept
Stress wirkt direkt auf den Körper, die Seele und die Körperenergien. Dieser Stress kann körperlich, psychisch, umwelt- oder ernährungsbedingt sein. Das Wort Stress kommt aus der Industrie und bezog sich ursprünglich auf das Testen von Material. Das Material wurde solange einer mechanischen oder physikalischen Prüfung ausgesetzt, bis es sich verbog, platzte oder riss. Nichts anderes passiert beim Muskeltest. Wir prüfen, wie der Mensch, sein Körper, seine Energien oder seine Psyche auf Anforderungen reagieren.

Doch was passiert bei Stress in unserem Körper?

Die drei Stress-Stufen
1. Alarmstadium
- Kampf-Flucht-Reaktion
- Blutdruck erhöht
- Blutzucker erhöht
- Pulsschlag erhöht
- Adrenalin wird ausgeschüttet
- Magen-, Darm-, Blasenfunktion gebremst
- Muskeln spannen sich an

2. Anpassungsphase
- Magen-Darm-Probleme
- Schmerzen
- Schlaflosigkeit

- Herz-Kreislauf-Erkrankungen
- Verspannungen, chronisch verkrampfte Muskeln

3. Erschöpfungsstadium
- Muskeln erschlaffen
- Schock
- Infarkt
- Versagen der Nebennieren

Die Muskelreaktionen

Mit dem Stresskonzept lassen sich die verschiedenen Arten der Muskelreaktionen sehr gut erklären. Auch beim Muskeltest gibt es drei verschiedene Reaktionen:

Auch die Muskeln reagieren in spezieller Weise auf Stress.

- **Der normal reagierende Muskel**
  Der Muskel reagiert stark mit Anspannung (Alarmphase) auf den Druck des Testers, ist aber fähig, sich sofort wieder zu entspannen.

- **Der blockierte Muskel**
  Er reagiert zwar stark, kann sich aber nicht mehr entspannen. Die Anspannung bleibt. Diese Reaktion ist vergleichbar mit der Anpassungsphase.

- **Der schwache Muskel**
  Er kann dem Testdruck nicht mehr standhalten, d. h. er reagiert sofort schwach. Der Organismus ist nicht mehr in der Lage, auf Stress zu reagieren. Diese Reaktion ist vergleichbar mit dem Erschöpfungsstadium.

Gleichgültig ob wir einen Muskel als Indikator zum Feststellen von Störfaktoren im Körper verwenden oder ob spezielle Muskeln getestet werden, der Testvorgang ist immer derselbe.

Grundsätzlich kann jeder Muskel getestet werden. Doch werden je nach vorliegender Problematik verschiedene Muskeln verwendet.

Wichtig: Richtiges Testen kann nur in einer kinesiologischen Ausbildung erlernt werden.

Mehr aus dem Leben machen

Das moderne Familienleben stellt an jeden hohe Anforderungen. Oft hat man das Gefühl, den Erwartungen nicht gewachsen zu sein. Kinesiologie hilft, wieder in Balance zu finden, wichtige Ziele zu erkennen und ein reicheres, ausgeglichenes Leben zu führen.

Familien zwischen Tradition und Netzwerk

Der Alltag stellt viele Anforderungen an jedes einzelne Familienmitglied.

Auf dem Schreibtisch der zehnjährigen Claudia liegen Bücher wie „Fünf Freunde", „Hanni und Nanni" neben der Fernsehzeitung, dem Radiergummi und allerlei Souvenirs. Durch den Flur der Wohnung saust und quietscht der dreijährige Felix. Er strahlt vor Vergnügen. Claudia platzt bald der Kragen. Sie schreit „Ruhe", packt und schüttelt ihren Bruder. Der schreit noch lauter. Mutter Petra steht zunächst hilflos da. Dann nimmt sie beide in den Arm und drückt sie sanft. Tränen und Wut versiegen. „Wir gehören doch alle zusammen", sagt sie und denkt: „Das kostet Kraft. Unser Leben ist immer ein Balanceakt." Und er wird manchmal noch schwieriger, wenn Erich, der Vater von Felix, nach Hause kommt.

Dies sind Szenen aus einer modernen Familie. Alle – Mutter, Erich als neuer Vater und die Kinder – versuchen, sich in diesem Familienverband zurechtzufinden, in dem auch noch außerhalb lebende Großeltern, z. T. aus früheren Partnerschaften, ein Mitspracherecht haben. Neben diese sozialen Probleme treten oft noch andere: die Vielfalt der Essgewohnheiten, Stress, Stimmungsschwankungen und körperliche Unpässlichkeiten (siehe Seiten 24, 41, 90).

Moderne Familien gleichen heute oft einem Netzwerk, das aus vielen Einzelinteressen, unterschiedlichen Gewohnheiten, Zielen, Ängsten und auch Rivalitäten besteht.

Das gilt sowohl für die traditionelle Familie aus Vater, Mutter und Kind als auch für „Fortsetzungs- oder Folgefamilien". Dazu gehört in Deutschland jede fünfte Familie. Es sind so genannte „Patchworkfamilien" mit Kindern, einem neuen Vater oder einer neuen Mutter. Alle wollen und sollten sich in diesem neuen Familienverband zurechtfinden. Die Erwartungen, Ziele und Herausforderungen sind groß. Um diese unterschiedlichen Vorstellungen, Lebens- und Erziehungsziele der

Familienverbandsmitglieder unter einen Hut zu bringen, braucht es viel Energie und körperliche, mentale und emotionale Intelligenz. Es braucht Kraft, Widersprüche auszuhalten und ausgewogen zu handeln. Notwendig ist – wie heutzutage überall – die Fähigkeit, das Gefühlswirrwarr zu regulieren, Stress abzubauen und neue mentale Lösungen zu finden. Dadurch werden eigene Grenzen getestet und gestärkt.

Wer sich diesen Herausforderungen stellt und starre Rollenklischees ablegt, sich öffnet für neue Erfahrungen und ein neues soziales Zusammenleben, der gewinnt eine neue soziale, emotionale, mentale und auch körperliche Qualität. Dabei wird jede Familie ihre ganz eigenen Erfahrungen und Lernprozesse erleben – und Lösungen finden. So kann jeder – und auch der Familienverband – mehr aus seinem Leben machen.

Durch Kinesiologie werden Lernprozesse in Gang gesetzt, die zu einem neuen Miteinander führen können.

Neue Wege gehen

„Brain-Gym-Übungen sind einfache und angenehme Bewegungsabläufe", welche uns den *„Zugang zu bisher verschlossenen Teilen des Gehirns verschaffen"*. *(Paul E. und Gail Dennison, Brain-Gym, 1990)*

Kinesiologie kann bei diesem Balance-Akt des Steuerns und Gestaltens in der Familie helfen. In ihr wird gemäß Definition der Deutschen Gesellschaft für angewandte Kinesiologie ein breites Spektrum von Methoden zur Förderung und zum Training körperlicher, mentaler und sozialer Tätigkeiten und emotionaler Ausgeglichenheit zusammengefasst, um so die einzelnen Mitglieder der Familie und den Gesamtverband zu fördern. Diese Trainings-, Kommunikations- und Suchmöglichkeiten, z. B. der Muskeltest, unterstützen die Lernprozesse in allen Bereichen des Lebens. Die Kinesiologie wirkt auf einer übergeordneten Energieebene des Menschen, quasi einer „Steuerungs- und Gestaltungsebene".

Die angeregten Lernprozesse führen durch Abbau von zwischenmenschlichen Störfeldern wie Streit, Stress, Angst zu einer Entfaltung einzelner Familienmitglieder, aber auch zu sozialer Kompetenz.

Ist ein Lernprozess abgeschlossen, führt das nach der angewandten Kinesiologie zur „Balance". Die Absicht jeder Balance ist eine Kompetenzerweiterung und fördert beim Lernenden Selbsterkenntnis und Selbstständigkeit. So kann die Kinesiologie helfen, mehr aus dem Leben zu machen:

- die eigenen Möglichkeiten, innewohnende Potenziale und Fähigkeiten zu entfalten,
- Probleme zu überwinden und positive Entwicklungen zu fördern,
- ruhiger und stressfreier miteinander zu leben und zu arbeiten,
- Gesundheit zu stärken und zu fördern und Energien zu mobilisieren bzw. wieder in eine Balance zu bringen und damit
- Leistung, Wohlbefinden und Vitalität zu steigern.

Bewegung ist Leben

Mehr aus seinem Leben machen heißt auch, beweglich zu sein – in körperlicher, geistiger und seelischer Hinsicht – und aus den Herausforderungen, den Belastungen, den Zielen das Beste zu machen. Mit Hilfe der Kinesiologie und den entsprechenden Übungen kann man Lebensprobleme zwar nicht lösen, aber positiv beeinflussen bzw. lindern.

Der Ursprung des Wortes Kinesiologie geht auf die Wörter „Kinesis" = Bewegung und „logos" = Lehre zurück. Deshalb gilt auch frei nach Aristoteles: „Bewegung ist Leben." Zur Bewegung zählen sowohl Gymnastik und Sport wie auch kinesiologische Übungen, z. B. das Brain-Gym.

> Sport und Gymnastik dienen der Beweglichkeit und Elastizität des Körpers und der Energieerholung des gesamten Systems. Brain-Gym-Übungen wirken gezielt auf das Gehirn, den Körper und auf die Entwicklung einzelner Fähigkeiten und Fertigkeiten.

Wenn also in der Familie alles drunter und drüber geht, die einzelnen Familienmitglieder

- durcheinander, geistig zerstreut, unkonzentriert, unkoordiniert sind,
- außer sich, wütend, im Stress sind,
- nicht mehr ein und aus wissen und die Balance, die Ausgeglichenheit fehlt,

dann können Brain-Gym-Übungen diese Disbalance, Koordinationsstörungen und Unausgeglichenheiten positiv beeinflussen. Wenn die entsprechenden Gehirnbereiche nicht mehr ausreichend zusammenarbeiten, können Brain-Gym-Übungen nützlich sein. Sie bringen Klarheit, Ordnung und Ausgeglichenheit wieder. Wir können mehr aus unserem Leben machen.

Brain-Gym-Übungen

Übung 1

Erfahrungen zeigen, dass tägliche Brain-Gym-Übungen, z. B. dreimal täglich fünf Minuten, das Leben reibungsloser und ruhiger werden lassen.

Überkreuzbewegung

Wir bewegen abwechselnd die Arme und das jeweils gegenüber liegende Bein. Arm und Knie berühren sich dabei.
Ziel der Übung:
Beide Gehirnhemisphären werden gleichzeitig aktiviert. Die Links-Rechts-Koordination, Atmung und Fitness sowie das Raumbewusstsein und das beidäugige, plastische Sehen verbessern sich. Integriertes Lernen wird erleichtert.

Liegende Acht

Übung 2

Wir richten unseren Körper auf einen Mittelpunkt in Augenhöhe aus und beginnen, eine liegende Acht in der Luft zu zeichnen. Die Augen verfolgen diese das ganze Gesichtsfeld ausfüllende Bewegung. Wir beginnen an der Mittellinie (nach oben) mit der linken Hand, so dass die rechte Gehirnhälfte aktiviert wird, danach wird die Übung mit der rechten Hand ausgeführt. Insgesamt drei bis fünf Wiederholungen durchführen.
Ziel der Übung:
Integration von linker und rechter Gehirnhälfte, verbessertes peripheres Sehen und bessere Augenbeweglichkeit. Entschlüsseln und Wiederverschlüsseln der geschriebenen Sprache. Verbesserung des Leseverstehens. Entspannen von Augen, Nacken und Schultern beim Fokussieren, verbesserte Tiefenschärfe, Verbessern von Balance, Koordination und Zentrierung.

Elefant

Wir stehen bequem mit leicht gebeugten Knien und legen den Kopf an die Schulter der zeigenden Hand. Beide Augen sind geöffnet und wir schauen über die zeigende Hand in die Weite und malen dabei eine liegende Acht. Die Bewegung kommt aus der Hüfte. Die Arme liegen ruhig am Kopf.

Übung 3

Ziel der Übung:

Unkorrekte Nackenmuskelspannungen, die eine Verbindung zur Tonwahrnehmung haben, werden entspannt. Kurz- und Langzeitgedächtnis werden aktiviert wie auch die Integration von Sehen, Hören und Bewegen des ganzen Körpers.

Das Zuhören und Hörverstehen sowie das Sprechen werden gefördert. Das Gleichgewichtsgefühl wird verbessert. Der Elefant aktiviert alle Bereiche des Geist-Körper-Systems gleichmäßig.

Wadenpumpe

Wir stehen vor einer Wand oder einer Stuhllehne und stützen uns mit den Händen ab, platzieren ein Bein hinter uns und lehnen uns nach vorne, wobei wir das Knie des vorderen Beins beugen. In der Grundposition heben wir die Ferse vom Boden ab, während unser Gewicht auf dem vorderen Fuß liegt. In der zweiten Position verlagern wir das Gewicht auf das hintere Bein, so dass die Ferse auf den Boden gedrückt wird.

Übung 4

Dabei atmen wir aus, wenn wir die Ferse nach unten drücken. Das gestreckte Bein und der Rücken liegen auf einer Linie. Dann wechseln wir die Beine. Wir führen die Übung auf beiden Seiten drei- bis fünfmal durch.

Ziel der Übung:

Gefördert werden das Hörverstehen sowie die Fähigkeit, Aufgaben zu lösen und zu Ende zu bringen. Die Aufmerksamkeitsspanne und die Fähigkeit zur Kommunikation verbessern sich.

Übung 5

Eule

Wir umfassen die Schulter und drücken die Muskeln fest zusammen. Wir drehen den Kopf seitwärts und schauen erst über die eine, dann über die andere Schulter nach hinten. Wir lassen den Kopf leicht nach vorne fallen und atmen tief durch. Dabei werden die Muskeln entspannt. Danach umfassen wir die andere Schulter und wiederholen die Sequenz.

Ziel der Übung:

Die Eule löst Spannungen, die von langem Sitzen, Schreiben und Fernsehen herrühren. Nach dieser Übung sind wir wieder entspannt.

Übung 6

Armaktivierung

Wir halten einen Arm nahe an unser Ohr. Die Streckung erfolgt aus der Hüfte heraus, als ob wir zur Decke greifen wollten. Wir atmen dabei ein. Beim Ausatmen dehnen wir jeweils den Arm nacheinander in vier Richtungen: nach vorne, hinten, innen und außen. Die andere Hand übt bei diesem Vorgang des Ausatmens den Gegendruck aus.

Danach längen wir auch die Muskeln des anderen Arms. Wir führen diese Übung vier- bis achtmal im Wechsel aus.

Ziel der Übung:

Die Armaktivierung dient der Übung der Feinmotorik, der Balance des Schultergürtels, der Atmung und der Ohrenergie. Das Längen der Armmuskeln verbessert die Sitzhaltung, macht die Muskeln fit, steigert die Beweglichkeit und baut Stress ab.

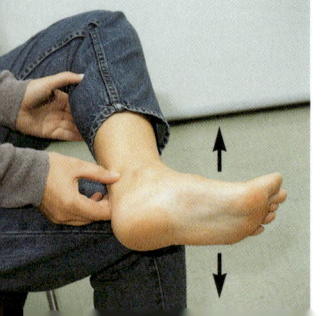

Übung 7

Fußpumpe

Wir setzen uns auf einen Stuhl oder eine Bank und legen einen Fuß auf das Knie des anderen Beins. Mit den Fingerspitzen halten wir Anfang und Ende der Wade fest. Beim Ausatmen bewegen wir den Fuß nach oben, beim Einatmen nach unten.

Ziel der Übung:
Wenn wir die richtige Antwort zwar wissen, aber nicht die passenden Worte finden, hilft diese Übung. Das Sprachzentrum wird durch diese Übung aktiviert.

Ziele setzen

Mehr aus seinem Leben zu machen bedeutet, seine persönlichen Fähigkeiten zu entfalten, seinen Körper und seinen Geist in Balance, in Aktionsbereitschaft zu bringen, linke und rechte Gehirnhälfte zu synchronisieren, so dass die körperlichen und geistigen Potenziale mobilisiert werden können, um in Familie, Beruf und Freizeit aktiv zu werden bzw. gegen die Belastungen des Alltags besser gewappnet zu sein. Dazu trägt aber auch bei, für sich und seine Kinder Lebensziele zu entwickeln und sie bewusst anzusteuern.

Wir stehen vor der Aufgabe als Eltern, unsere Kinder für Lebensziele zu begeistern, diese zu entwickeln und vorzuleben. Ziele entwickeln und realisieren ist ein Lernprozess. Dabei kann Kinesiologie helfen.

Schritte zur Entwicklung von Zielen
Fragen, die Ihnen helfen können, sich klare, positive Ziele zu stecken:

- Wie würden Sie in Zukunft lieber leben, handeln, sich fühlen u. a.?
- Was könnte bzw. sollte in Ihrem Leben anders, schöner, besser sein? Was würden Sie lieber machen?
- Was könnten Sie besser? Wozu sind Sie fähig?
- Welche Prioritäten wollen Sie setzen?
- Was blockiert Sie in Ihrem Leben, in welchen Bereichen, durch welche Personen, in welchen Situationen?

„Jedes Kind trägt in sich eine schmerzende Leere, die Anregung sucht, und wenn wir nichts bieten, was anregend, interessant und gut für das Kind ist, wird es sich etwas holen, was anregend und interessant, aber nicht gut für das Kind ist."
Theodore Roosevelt

Die zentrale Frage lautet: Was möchte ich erreichen, ansteuern?

- Welche Denkmuster, Glaubenssätze, Weltanschauungen, Gewohnheiten sind es?
- Was wäre anders in Ihrem Leben, wenn Sie das Ziel erreicht, Ihr Leben geändert hätten?
- Was wären Motivationen, Energien, neue Verhaltensweisen, die Sie anspornen, diese Ziele zu erreichen?

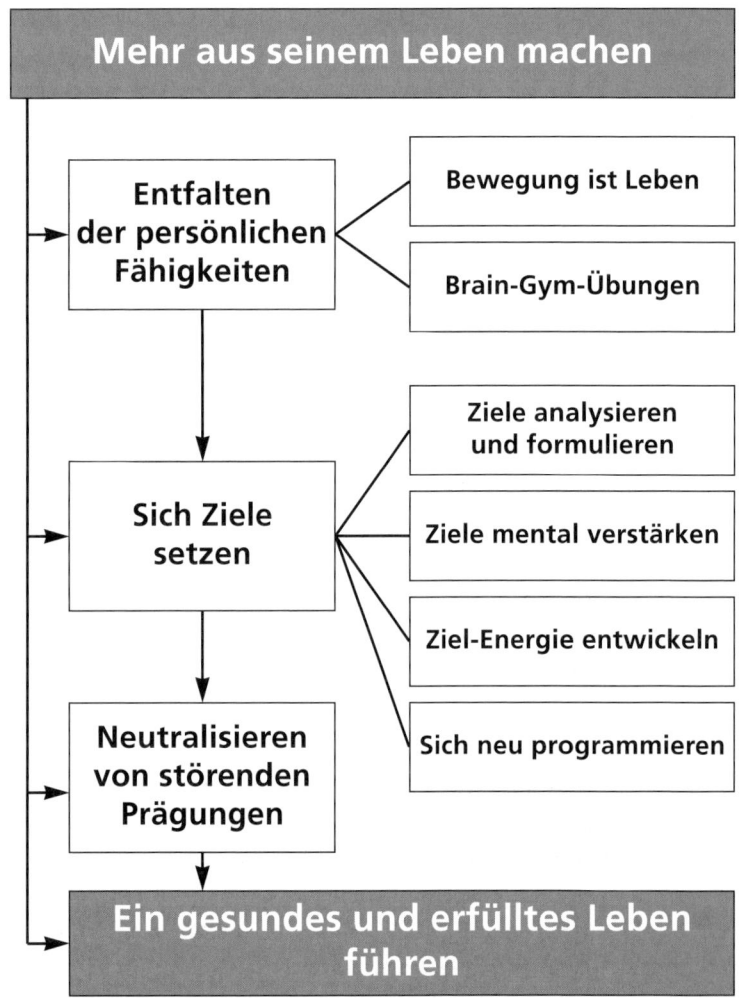

Mehr aus seinem Leben machen

Entfalten der persönlichen Fähigkeiten

Bewegung ist Leben

Brain-Gym-Übungen

Sich Ziele setzen

Ziele analysieren und formulieren

Ziele mental verstärken

Ziel-Energie entwickeln

Neutralisieren von störenden Prägungen

Sich neu programmieren

Ein gesundes und erfülltes Leben führen

Machen Sie sich bewusst, was Sie anstreben wollen und verharren Sie nicht bei dem, was Sie nicht möchten. Wenn Sie Antworten finden wie: „Ich möchte mehr aus meinem Leben machen", dann fragen Sie sich: „Was würde dann anders sein?" Sagen Sie sich nicht: „Ich möchte so nicht weiterleben" oder „Mein Leben ist zu langweilig." Unser Gehirn versteht nur positive Botschaften, keine Verneinungen. Mit Hilfe des Muskeltests lassen sich alle Antworten zu den Fragen testen bzw. abfragen.

Ziele mental verstärken

Auch die Formulierung von Zielen und ihre Verwirklichung beginnt im Kopf (vgl. Franz Decker, Alles beginnt im Kopf, 1999). Deshalb verstärken Sie Ihr Ziel durch Visualisieren. Stellen Sie sich Ihr Ziel im entspannten Zustand bildhaft vor – farbig, nahe, attraktiv. Ein Ziel soll PACE sein („**P**ositive", „**A**ctive", „**C**lear" und „**E**nergetic"). Stellen Sie sich das Ziel so vor und verweilen Sie einen Augenblick in diesem Zustand. Je mehr Sinne und emotionales Engagement an der Zielvisualisierung beteiligt sind, umso größer sind der Lernerfolg und die Realisierungsenergie. Das Ziel wird aber nicht nur verbal ausgedrückt bzw. besprochen und visualisiert, sondern auch durch den Muskeltest bestätigt. Der Muskeltest erlaubt den unmittelbaren Zugang zum Unbewussten eines Menschen. Man kann auf diese Weise schnell herausfinden, ob man das Ziel auch wirklich will bzw. auf dem richtigen Weg ist.

Ziel-Energien entwickeln

So sehr wir uns auch manchmal bemühen, gute Vorsätze zu verwirklichen und bestimmte Ziele zu erreichen, manchmal schaffen wir es einfach nicht. Es fehlt uns genügend körperliche, mentale und emotionale Energie. Zu anderen Zeiten wiederum verfügen wir über mehr Energien. Die Kinesiologie wirkt als eine Art Energiesteuerung auf einer übergeordneten Ebene. Diese Energieflüsse verbinden Muskeln, Sehnen, Organe, Drüsen, Emotionen und das Gehirn, also verschiedene Körperteile.

Die Kinesiologie ermöglicht es, Energien sinnvoll und effektiv zu steuern, damit Ziele erreicht werden.

Jeder von uns kennt den Zustand, dass man sich wohl fühlt, ausgeglichen, gesund und fit ist. In diesem Zustand fließt alle Energie harmonisch durch den Körper und das Immunsystem ist intakt. Wir spüren aber auch, wenn unsere Energie-Balance nicht in Ordnung ist: Wir fühlen uns unwohl. Müdigkeit, Konzentrationsstörungen, allergische Symptome sind oft die Folge. Um das selbst gesetzte Ziel auch zu erreichen, sollte also zunächst ein positiver Energiezustand angestrebt werden (siehe auch Seite 57 ff., 98). Durch positive Zielsetzungen, wie z. B. „Meine Energie fließt frei durch meinen Körper", können wir unser Gehirn darauf programmieren, dieses Ziel zu erreichen.

Es können sich bei der Zielrealisierung durchaus auch Ereignisse aus der Vergangenheit, aus der Kindheit übernommene Glaubensmuster oder negative Erfahrungen den neuen Zielen in den Weg stellen, z. B. „Ich schaffe es ja doch nicht". Doch die neue positive Zielrichtung, ihre Überzeugungsenergie und die Glaubensstärke bestimmen auch den Fluss der Energie.

Sind Sie also von Ihrem Ziel überzeugt und haben es mental „verstärkt" und die notwendigen positiven Energien und Absichten entwickelt, erhält Ihr neues Ziel eine energetische Schubkraft. Dann stellt sich auch Ihr Körper-Geist-Emotionssystem auf die Ausrichtung der Energie ein und die alten, hemmenden Programmierungen im Kopf verlieren an Bedeutung. Auch das Gehirn und sein Wahrnehmungsfilter nehmen die neuen Zielreize, die visualisierten Zielbilder, auf. Diesen Vorgang können wir mit folgenden Übungen unterstützen und dadurch leichter ans Ziel kommen.

Zielentwicklung durch Schläfenklopfen
In dieser Übung werden folgende „Regeln" beachtet:
- Arbeiten mit Affirmationen, d. h. mit kurzen, positiven Zielaussagen
- Mit der Technik des Schläfenklopfens werden bestimmte Filtermechanismen des Gehirns während der Übung kurzfristig ausgeschaltet. Dadurch kommt die Zielaffirmation auch tatsächlich im Gehirn an.
- Das Ziel wird visualisiert, d. h. das Ergebnis bildhaft vorgestellt und durch Brain-Gym-Übungen unterstützt.

Durch gezielte Übung kann die für eine Zielrealisierung notwendige Energie aktiviert werden.

Durchführung der Übung:
- Entwickeln Sie im entspannten Zustand Ihr Ziel und formulieren Sie die entsprechende Affirmation, z. B. „Ich bin aktiv in meinem Leben" oder „Ich bin ruhig und entspannt", „Ich treibe Sport", „Ich jogge täglich".
  Lassen Sie gegebenenfalls das Ziel durch einen Muskeltest bestätigen.
- Sprechen Sie sich die Affirmation überzeugend vor und stellen Sie sich den Zustand der Zielerreichung bildhaft vor. Verstärken Sie Ihren Glauben an das Ziel.
  Wiederholen Sie den Vorgang mehrfach.
- Legen Sie, während Sie die Zielaffirmation sprechen, Ihre Finger locker um Ihren Daumen, so, als ob Ihre Hände „Pfötchen" bilden würden.
  Klopfen Sie mit dieser Handstellung um Ihr Ohr herum, so lange, bis Sie Ihren Zielsatz flüssig und überzeugend sprechen.
- Beginnen Sie in Höhe des „Zäpfchens" hinter dem Ohrläppchen. Umkreisen Sie das Ohr, bis Sie wieder zum Ausgangspunkt kommen.
- Wiederholen Sie den Klopfvorgang mehrmals und sprechen Sie dabei überzeugend Ihren Zielsatz.

- Die Wirkung des Schläfenklopfens verstärken Sie, indem Sie Ihre Augen kreisen, einmal im Uhrzeigersinn, dann in die andere Richtung.
- Kreisen Sie jetzt Ihre Augen in Form der liegenden Acht. Dadurch werden beide Gehirnhälften in den Dienst Ihres Zieles gestellt.
- Wenn Sie das Schläfenklopfen, das Sprechen und die Augenübungen nicht gleichzeitig durchführen können, halten Sie eine Augenposition, klopfen dazu und sprechen Ihre Affirmation. Dann folgt die nächste Augenposition.
- Führen Sie abschließend einen Ökocheck durch, d. h. stellen Sie sich vor, was sich in Ihrem Leben ändert, wenn Sie dieses Ziel erreicht haben. Was denken, fühlen, tun und sagen Sie und Ihre Familienmitglieder und Freunde? Woran erkennen Sie Ihre Veränderung?

„Wenn du immer das tust, was du schon immer getan hast, wirst du immer das bekommen, was du schon immer bekommen hast."
Unbekannt

Führen Sie diese Übung mehrere Tage lang morgens und abends in einem entspannten Zustand durch. Sie bietet eine gute Methode, um sich selbst zu verändern und Motivation, Energie und das neue Programm zu verstärken und bestehende Prägungen, Glaubensmuster und Blockaden zu neutralisieren.

Durch das Abfragen Ihres Zieles mit Hilfe des Muskeltests erhalten Sie auch die Gewissheit, dass bisher nur unbewusste Zielvorstellungen für die zukünftige Gestaltung Ihres Lebens richtig sind.

> Kinesiologie kann dazu beitragen, bestehende Lebensgewohnheiten und Denkmuster zu erschüttern und aufzulösen, um so ein verändertes, aber gesundes und erfülltes Leben zu führen.

Schlecht drauf – was tun?

Der Alltag erscheint oft wie eine Tretmühle. Durch das Durchbrechen negativer Verhaltensmuster, durch positive Gedanken und Zielsetzungen entkommt man Stimmungstiefs. Kinesiologie hilft außerdem, wieder in Balance zu finden und ausgeglichener zu werden.

Es geht wieder gut!

Wer sich wohl fühlt, hat mehr vom Leben!

„Es passiert immer wieder, dass einer von uns schlecht drauf ist", sagt Inge Meyer. „Schließlich kann niemand ständig gute Laune haben und sie auch verbreiten" – obwohl das doch ‚gefragt' ist."

Wer kennt das nicht: Lustlos, sauer, heruntergezogene Mundwinkel, schnell beleidigt, frustriert oder einfach nur schlecht gelaunt, ziemlich down: „Das ist nicht mein Tag." Oft steckt eine solche miese Laune in der Familie auch an. Doch wie kann man so einer schlechten Stimmung den Garaus machen, mit unguten Gefühlen umgehen oder gar ein drohendes Tief abwenden? Denn schließlich gilt: „Wer gut drauf ist, hat mehr vom Leben." Die Mutter ist dann entspannter, der Vater netter und die Tochter kann in der Schule besser mitreden. Die Welt sieht freundlicher aus und jeder fühlt sich wohl dabei.

Erkennen Sie sich selbst

Die folgende Fragenliste hilft Ihnen und allen Familienmitgliedern, zu erkennen, weshalb Sie schlecht drauf sind, um so diesen augenblicklichen Zustand leichter überwinden zu können. Beantworten Sie die Fragen mit Ja oder Nein.

Fühlen Sie sich wohl in Ihrer Haut?

- Sind Sie öfter müde?
- Schlafen Sie gut und genug?
- Schwanken Ihre Gefühle von himmelhoch jauchzend bis zu Tode betrübt?
- Regen Sie sich über Ihre Familie zu viel auf?
- Fehlt es Ihnen manchmal an Energie?
- Sind Sie öfter schlecht gelaunt?
- Essen Sie regelmäßig und vollwertig?
- Fühlen Sie sich ausgeglichen?

Brauchen Sie mehr positive Anregung?

- Fühlen Sie oder andere Familienmitglieder sich wie in einer Tretmühle eingespannt?
- Gehen Ihnen die Gewohnheiten Ihrer Familie auf die Nerven?
- Bringt das Fernsehen Ihnen und den anderen die meisten „Glanzlichter"? Bedrückt Sie ein Krimi?
- Wünschen Sie sich mehr Abwechslung und Überraschungen?
- Treiben Sie Sport?
- Haben Sie positive Gedanken?
- Lachen Sie genug?
- Sind Sie eher ein Optimist?

„Das Lächeln, das du aussendest, kehrt zu dir zurück."
Indische Weisheit

Sind Sie glücklich?

- Was macht Sie unglücklich?
- Wie viel Zeit widmen Sie den Dingen, die Sie glücklich machen?
- Denken Sie an glückliche Augenblicke in Ihrem Leben?
- Wie viel Zeit widmen Sie Menschen und Ereignissen, die Sie nicht glücklich machen?
- Tragen die Familienmitglieder zu Ihrem Glück bei? (Wer, wodurch?)
- Wie viel Zeit verbringen Sie mit Tätigkeiten, die Ihnen Spaß machen?
- Was würde Ihnen noch Spaß machen?

Mit Kinesiologie im Gleichgewicht

Kinesiologie fördert eine positive Gefühlslage auf zweierlei Art:

1. Testmethoden – von Stimmungen, Energie- und Gefühlsblockaden, z. B. durch Muskeltest
2. Ausgleichsverfahren und Übungen – für ein Gleichgewicht von Körper, Geist und Gefühlen

Die kinesiologischen Testmethoden, z. B. der Muskeltest, machen ein Ungleichgewicht von Energie, Stimmungen und Gefühlen im Körper deutlich. Lassen Sie mittels Muskeltest von einem Kinesiologen austesten, was Sie besonders herunterzieht und Ihnen die Laune verdirbt. Mit dem Muskeltest kann man die oben genannten „Selbstkenntnis-Fragen" austesten. Die folgenden Ausgleichsverfahren und Übungen führen dann zu einem erneuten Gleichgewicht.

Alles beginnt im Kopf

Der Weg aus Stimmungstiefs führt über gute Gedanken zu Ausgeglichenheit. Als Baby haben Sie oft gestrahlt und waren im Einklang mit sich selbst. Suchen Sie daher wieder das Kind in sich selbst und lernen Sie, so zu lachen und leben wie damals. Denken Sie sich in Stimmung, hellen Sie Ihre Gedanken auf. Vermeiden Sie negative Gedanken, Ärger, Ängste. Lassen Sie diese nicht mehr in Ihr Bewusstsein oder gar in Ihr Unterbewusstsein. Wenden Sie sich von dieser giftigen Kommunikation ab, fliegen Sie einfach im Geiste davon und machen Sie sich geistig schöne Bilder. Mit Mentaltraining können Sie sich ins Gleichgewicht denken. Der Weg aus Stimmungstiefs führt über gute Gedanken, Freude, Zuneigung und gute Gefühle. Das kann man trainieren und dadurch Glückshormone freisetzen.

Das tägliche Übungsprogramm für Ausgeglichenheit

Es ist sowohl für die Gesundheit als auch für das Wohlbefinden, die Leistungsfähigkeit und die sozialen Beziehungen von Vorteil, wenn man ausgeglichen ist und sich Körper, Geist und Seele immer wieder im Gleichgewicht einpendeln. Es gibt in der Kinesiologie eine Reihe von Techniken und Übungen, die helfen können, in der Balance zu bleiben oder in Balance zu kommen (vgl. Sharon Promislow, Startklar für volle Leistung, 2000).

Das folgende Balance-Programm kann das Gleichgewicht erhalten bzw. wiederbringen. Die einfachste Möglichkeit, ins Gleichgewicht zu kommen und es zu erhalten, besteht darin, das folgende 9-Punkte-Balance-Programm regelmäßig durchzuführen. Sie werden dadurch ruhiger, ausgeglichener, leistungsfähiger und fühlen sich wohl dabei. Im Einzelnen umfasst das Programm folgende Übungen:

Das Balance-Programm:
Mein inneres Gleichgewicht halten
1. Wasser trinken:
Stressabbau und Gehirn auf Trab bringen
Die Flüssigkeit hilft dabei, die elektrischen Impulse durch den Körper zu leiten. Durch diese Impulse werden die Anweisungen vom Gehirn an die Muskeln und von dort wieder zurück zum Gehirn transportiert. Ist der Körper mit Wasser unterversorgt, können ein Kurzschluss, ein Blackout, eine Stressreaktion ausgelöst werden. Wasser ist Stresslöser und Gehirntreibstoff Nummer eins. Reines Wasser wird bereits im Mund (über Rezeptoren) vom Gehirn wahrgenommen und trägt zum Stressabbau bei.

Wasser trägt aber auch zu einem guten Lymphfluss bei. Es unterstützt die Ausleitung von Schlacken und sauren Giften und versorgt den Körper mit Sauerstoff. Wir sollten täglich zwei bis drei Liter Wasser trinken. Denn dies wirkt auf das Gehirn wie ein Schnellzünder, verleiht mehr Energie und fördert die Konzentrationsfähigkeit sowie das Gleichgewicht in Körper und Geist. Koffein und Alkohol wirken harntreibend. Für jede Tasse Kaffee oder Alkohol sollte man die doppelte Menge Wasser zusätzlich trinken, um Körper, Geist und Emotionen in einem harmonischen Gleichgewicht zu halten.

Ziel der Übung:
- Sie erhöht Energie und verbessert Konzentration sowie geistige und körperliche Kooperation und Lernfähigkeit.
- Wasser wirkt als Zünder für das Gehirn und ermöglicht die zügige Weiterleitung der elektrischen Impulse im Körper.
- Es leitet Abfallstoffe und Gifte aus dem Körper aus.

2. Emotionaler Stressabbau: positive Punkte halten

Wir kommen leicht aus dem Gleichgewicht und sind schlecht drauf, wenn wir emotionalen Stress haben, unter Druck stehen und uns verletzt, beleidigt oder kritisiert fühlen. Unsere Energie fließt dann nicht mehr, sondern blockiert. In dieser Situation gilt es, die Blockade-Situation zu „entspannen", indem wir unsere emotionalen Stressabbaupunkte halten.

Legen Sie schnell Ihre Hand oder beide Hände auf Ihre Stirnhöcker und halten Sie diese neurovaskulären Punkte. Sie balancieren sowohl das Zentralgefäß (mental) wie auch den Magen-Meridian (Verdauung).

Unsere Energie in den Händen hält Blut und Wärme in unserem Vorderhirn und verhindert dadurch bereits im Ansatz die Stressreaktion bzw. baut sie ab. Wir kommen wieder ins Gleichgewicht, fühlen uns wohler und werden wieder aktiv, kreativ und leistungsfähig.

Ziel der Übung:
- Sie hilft, wieder ins Gleichgewicht zu kommen, den Stress zu vermeiden bzw. ihn gar nicht entstehen zu lassen.
- Das Zentralgefäß (mental) wie auch der Magen-Meridian werden balanciert.

Durchführung:
- Halten Sie sanft Ihre Stirnbeinhöcker (positive Punkte).
- Denken Sie an Ihr Problem, den Stressauslöser, und stellen Sie sich eine erfolgreiche Lösung vor.
- Formulieren Sie diese laut.

3. Überkreuzbewegungen: Gehirn-Synchronisation

Immer wenn Gefühl und Verstand, linkes und rechtes Gehirn und Körper nicht miteinander im Einklang sind, können Sie diese Übung durchführen. Wenn es Ihnen schwer fällt, zu denken und gleichzeitig etwas zu tun, oder wenn Ihre Gedanken ständig abschweifen, hilft diese Übung, das Tun zu integrieren und wieder in die Balance zu kommen.

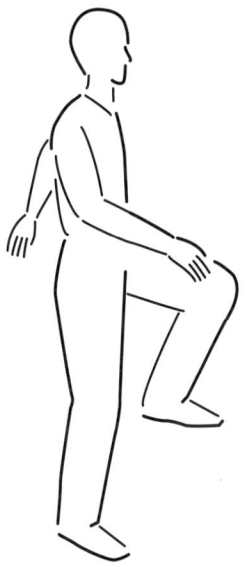

Wir aktivieren beide Gehirnhälften durch das bewusste Bewegen eines Armes und des gegenüberliegenden Beines über die Körpermittellinie hinweg.

Diese Überkreuzbewegungen stimulieren z. B. das gesamte Gehirn, das Gleichgewichtsorgan, das Gefühlszentrum (limbisches System) und das logische Denken, die Vernunft (Stirnlappen). Es kommt zu einer Balance von Gefühl und Verstand und zu einer Aktivierung des Körpers. Wir „stecken" also nicht fest, sind nicht blockiert und fühlen uns gut, weil die Kommunikation in Gehirn und Körper gut funktioniert.

Ziel der Übung:

- Die Übung regt die Kommunikation zwischen den beiden Gehirnhälften und dem ganzen Körper an.
- Sie fördert die Synchronisation, wenn es uns schwer fällt, zu denken und gleichzeitig etwas zu tun.

Durchführung:

- Führen Sie Überkreuzbewegungen durch, indem Sie ein Knie anheben und den gegenüberliegenden Arm berühren.
- Führen Sie jetzt gleichzeitige Bewegungen durch: Bein und Hand bewegen sich gleichzeitig, auf einer Seite.
- Wechseln Sie sechs- bis achtmal ab.
- Enden Sie immer mit der Überkreuzbewegung.

4. Thymus klopfen

Die Thymusdrüse, die hinter dem Brustbein liegt, ist für eine innere Sekretion zuständig. Wenn man sie mit zwei Fingern klopft,

also aktiviert, schüttet sie kleine Mengen chemischer Substanzen im Körper aus. Dadurch wird das Wohlbefinden gefördert. Dabei sollten wir richtig herzhaft lachen (nicht grinsen). In wissenschaftlichen Studien wurde festgestellt, dass Klopfen und Lächeln den Thymus und die Muskeln, die mit verschiedenen Lustzentren im menschlichen Gehirn verbunden sind, aktivieren und so den Effekt „spontane Freude" hervorrufen.

Ziel der Übung:

- Durch das Lächeln und Klopfen der Thymusdrüse wird die innere Sekretion angeregt. Freude und Wohlbefinden stellen sich ein.

Durchführung:

- Setzen Sie sich bequem und entspannt hin.
- Entspannen Sie die Muskeln und lächeln Sie, als seien Sie der glücklichste Mensch der Welt. Jetzt beginnt Ihre Thymusdrüse mit der Arbeit und stimuliert Ihren Körper positiv.
- Klopfen Sie jetzt 20-mal auf den Thymus und
- halten Sie Ihre Zunge mindestens eine Minute lang in der Mittelstellung hinter den oberen Zähnen.

5. Cook-Übung: den Körper ins Gleichgewicht bringen

Wenn Sie aufgeregt, traurig oder durcheinander sind, können Sie sich mit der Cook-Übung wieder in Balance bringen. Alle Meridiane lassen sich durch diese Übung in einen balancierten Zustand führen. Die verschiedenen Körperdimensionen (vorne/hinten, oben/unten, links/rechts) werden bildhaft zu einer Acht verbunden. Dadurch fließt die Körperenergie (wieder) mühelos. Dieses verstärkte Zirkulieren lässt sich in den Gliedmaßen wahrnehmen. So können Sie die elektrische Kraft des eigenen Körpers zur Normalisierung Ihres Energieflusses nutzen, während Sie sich gleichzeitig in Gedanken mit der Lösung des Problems beschäftigen, welches bei Ihnen zuvor einen Kurzschluss verursacht hat.

Ziel der Übung:

- Alle Körperdimensionen (vorne/hinten, oben/unten, links/rechts) werden zu einer Acht verbunden. Die elektrische Körperenergie fließt jetzt harmonisch durch den Körper. Alle Meridiane kommen in einen ausbalancierten Zustand.
- Energetische Kurzschlüsse werden aufgelöst, Stress abgebaut, der Energiefluss normalisiert, das Körper-Geist-Emotions-Gleichgewicht wieder hergestellt.

Durchführung:

Teil 1

- Legen Sie einen Fußknöchel auf die Knie des anderen Beins.
- Umgreifen Sie mit der Hand der anderen Körperseite diesen Fußknöchel.
- Mit der freien Hand umfassen Sie den Ballen des Fußes, der auf dem Knie liegt.
- Mit Ihrer Zungenspitze berühren Sie jetzt die Stelle am Gaumen, die direkt hinter den Schneidezähnen liegt.
- Atmen Sie dabei tief ein.
- Wiederholen Sie die Übung jetzt mit dem anderen Fuß und Arm. Wenn Sie sich entspannt fühlen, gehen Sie zu Teil 2 über.

Teil 2

- Stellen Sie Ihre Füße nebeneinander auf den Boden, die Zungenspitze bleibt am Gaumen.
- Die Fingerspitzen beider Hände führen Sie jetzt sanft zusammen.
- Atmen Sie tief ein (durch die Nase) und aus (durch den Mund).
- Denken Sie an Ihren Stressor bzw. die Lösung des Problems, bis Sie sich entspannt fühlen.
- Verharren Sie in beiden Positionen solange, bis Sie sich ruhig und ausgeglichen fühlen (z. B. ein bis zwei Minuten).

Cook-Übungs-Variante: Hook-ups

Im Stehen und Liegen

Ziel der Variante:

- Sie fördert die Harmonisierung der Energie im Körper, in Geist und Emotion.
- Sie ist besonders wirkungsvoll bei Einschlafstörungen. Man kann sie im Stehen oder Liegen durchführen.

Durchführung:

- Legen Sie Ihr rechtes Handgelenk über das linke und
- den rechten Fußknöchel über den linken.
- Legen Sie die Handflächen gegeneinander und verschränken Sie die Finger.
- Drehen Sie nun Ihre Hände nach innen zum Körper hin und dann nach oben zur Brust.
- Legen Sie nun Ihre Zunge an den Gaumen.
- Atmen Sie tief ein und aus.
- Bleiben Sie solange in dieser Position, bis Sie sich entspannt fühlen.
- Gehen Sie dann zu Teil 2 der Cook-Übung über.

6. Mentales Programmieren

Alles beginnt im Kopf, auch das Wohlbefinden, d. h. das Gleichgewicht von Körper, Geist und Seele.

Stellen Sie sich eine Situation vor, in der Sie gut gelaunt sind oder waren. Malen Sie sich diese Situation aus. Was sehen Sie? Was hören Sie? Was empfinden bzw. fühlen Sie? Holen Sie dieses Bild nahe vor Ihr geistiges Auge und verweilen Sie in dieser Situation. Sie können dieses mentale Programmieren auch mit dem Halten der positiven Punkte verbinden. Noch wirkungsvoller wäre die Kombination von geistigem Programmieren, Halten der positiven Punkte und der Cook-Übung.

Die Übung kann in drei Stufen durchgeführt werden:

- mentales Visualisieren
- mentales Visualisieren mit dem Halten der positiven Punkte
- mentales Visualisieren + positive Punkte + Cook-Übung

Ziel der Übung:

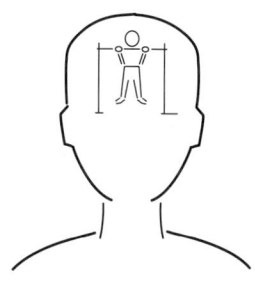

- Entspannung und geistige Vorstellungen programmieren unser Denken, unser Bewusstsein und Unterbewusstsein. Wohlbefinden beginnt im Kopf.
- Daher fördert diese Übung die Entspannung, die Entwicklung einer geistigen Vorstellung vom Ziel und die Energetisierung von Körper, Geist und Seele.

Durchführung:

Stufe 1

- Setzen Sie sich aufrecht auf einen Stuhl und entspannen Sie sich. Atmen Sie tief ein und aus und lassen Sie alles Belastende los.
- Entwickeln Sie eine Situation, in der Sie sich wohl fühlen, ausgeglichen und voller Energie sind. Das kann eine Situation aus Ihrem Leben sein, in der Sie sich wohl gefühlt haben. Das kann aber auch eine Zukunftssituation sein, die Sie sich geistig entwickeln.
- Halten Sie dieses Wohlfühlbild vor Ihrem geistigen Auge fest, machen Sie einen Rahmen um dieses Bild und fragen Sie sich: Was sehe ich? Was empfinde ich? Was höre ich?
- Kann man dieses Bild noch attraktiver machen, z. B. durch Farben, durch Vergrößerung, durch Nähe?
- Halten Sie nun das Bild mit Ihrer Wohlfühlsituation und genießen Sie es. Ziehen Sie es in sich hinein, bis Sie von dieser Situation überzeugt sind. Kommen Sie nun zurück in die Realität.
- Wiederholen Sie diesen Vorgang noch einmal und dann täglich mindestens einmal.

Stufe 2
- Gehen Sie wieder in den Visualisierungs- bzw. mentalen Programmierungsvorgang hinein (Stufe 1) und
- halten Sie gleichzeitig Ihre Stirnbeinhöcker (siehe Übung „positive Punkte").

Stufe 3

In sehr schwierigen Fällen, in denen der Stress besonders stark ist und die Energieblockaden groß sind, empfiehlt sich folgende effektive Variante:

1. Durchführung der Cook-Übung
2. Durchführung des mentalen Programmierens
3. Halten der positiven Punkte durch eine andere Person

7. Positive Energie ankern

Ankern ist eine grundlegende Technik des NLP (neurolinguistisches Programmieren). Es ist im Leben wichtig, komplexe Gefühlszustände schnell abrufen zu können, z. B. um negative Gefühle zu neutralisieren. Durch die Technik des Ankerns können wir Emotionen, die wir in realen oder in visualisierten Situationen empfunden haben, in das Zellgedächtnis des Körpers einschließen. Handelt es sich dabei um positiv geankerte Emotionen bzw. um mentale Vorstellungen, so können wir in jede auftretende negative Situation schnell einen Schub guter, positiver Energien einbringen, die die negative Situation neutralisieren oder die durch Stress-Situationen entstandenen Energieblockaden wieder auflösen bzw. durchbrechen.

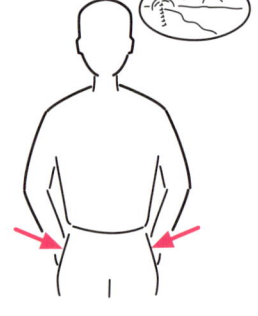

Ein positiv geankertes Gefühl, eine mentale Aufstellung kann jederzeit wieder abgerufen und freigesetzt werden, z. B. um das Wohlgefühl und Gleichgewicht zu erhalten bzw. wiederzugewinnen. Anker werden z. B. in der Mentalberatung gezielt eingesetzt, um innere Zustände zu steuern, damit man trotz eines negativen Gefühls im Gleichgewicht bleibt. Ein Beispiel für einen gezielt gesetzten Anker ist der Knoten im Taschentuch. Der Knoten ist ein äußerer Reiz, der im Gehirn eine bestimmte Erinnerung aktiviert. Das Ankern von positiven Gefühlszuständen, von positiven Erlebnissen oder Vorstellungsbildern kann uns also helfen, unser Körper-Geist-Emotions-Gleichgewicht und unsere Balance im Leben zu erhalten.

Geankert werden können z. B. ein Lieblingslied, eine Lieblingsspeise, eine erfolgreiche Situation im Leben, eine beglückende Vorstellung, ein Körpergefühl. Wenn ein solcher Anker ausgelöst wird, entstehen bestimmte energievolle Gedanken, Erinnerungen, Gefühle. Diese gilt es gezielt einzusetzen. Geankert wird an einer selbstbestimmten Körperstelle.

Ziel der Übung:
- Bewusstes und gezieltes Steuern der inneren Zustände (Gefühle, Gedanken, Wohlbefinden, Erfolg u. a.)
- Verstärkung der positiven Energie
- Kompensation bzw. Neutralisieren von negativem Denken und von bedrückenden Gefühlen und Auflösen von Energieblockaden

Vorüberlegung:
Bevor Sie beginnen, sollten Sie klären:
- Welchen inneren Zustand möchten Sie ankern, für welche negative, belastende oder blockierende Situation?
- An welcher Körperstelle möchten Sie den Anker setzen? Wählen Sie eine Stelle, die Sie im Alltag unauffällig berühren können, um so Ihren Anker, ihren Moment of Excellence, auslösen zu können. So erzeugt Ihnen Ihr Gehirn das geankerte Positiv-Erlebnis.

Durchführung:
- Kommen Sie zur Ruhe und entspannen Sie sich. Atmen Sie tief ein (durch die Nase) und durch den Mund aus. Je entspannter und konzentrierter Sie sind, desto besser wird Ihnen das Ankern gelingen.

- Rufen Sie sich einen Ankerinhalt in Erinnerung (z. B. ein Glücksgefühl, eine erfolgreiche Situation, eine faszinierende mentale Vorstellung, eine Situation, in der Sie gut drauf waren). Lassen Sie sich Zeit.
- Sehen Sie mit Ihrem inneren Auge, was es da zu sehen gibt. Was hören Sie? Was empfinden Sie? Was schmecken oder riechen Sie? Erleben Sie in der Vorstellung diesen Moment of Excellence mit allen Sinnen und so intensiv wie nur möglich.
- Wenn Sie sich dem Höhepunkt der erlebten oder vorgestellten Situation nähern, ankern Sie sie, d. h. drücken Sie z. B. eine Stelle an Ihrem Körper. Sie haben z. B. das rechte Ohrläppchen als Ankerort ausgesucht. Jetzt zwicken Sie sich beim Höhepunkt ins rechte Ohrläppchen.
- Jetzt testen Sie den Anker. Lenken Sie sich zuerst kurz ab, d. h. setzen Sie einen Separator, indem Sie an etwas völlig anderes denken. Dann lösen Sie erneut Ihren Anker aus, indem Sie Ihr rechtes Ohrläppchen drücken. Was geschieht jetzt? Kommt wieder das Gefühl des exzellenten Augenblicks? Prima!
- Jetzt können Sie noch andere Anker setzen, die Ihnen gut tun, z. B. einen Gelassenheitsanker oder einen Energieanker.
- Es gilt jedoch immer das Prinzip: Übung macht den Meister.

8. Erfolg visualisieren

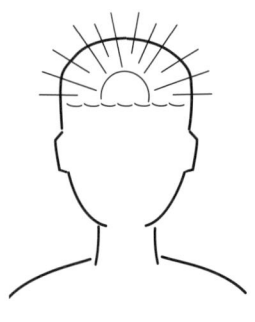

Ihr Kind schreibt eine schwere Klassenarbeit. Ihr Partner hat heute im Betrieb ein schwieriges Gespräch, er will z. B. eine Gehaltserhöhung. Die Tochter hält heute Abend den ersten Vortrag in ihrem Leben. Und Sie wollen unbedingt die Stelle, auf die Sie sich beworben haben, bekommen und beim Vorstellungsgespräch heute gut drauf sein und alle Energien gezielt auf den Erfolg ausrichten. Doch quälende Gedanken, negative Gefühle, Versagensängste, Stress blockieren Ihren Energiefluss. Die Verspannungen lösen Sie z. B. durch Kopf-Übungen, durch Jogging, Walking oder durch Nackenmassage. Dann programmieren Sie sich mental, indem Sie sich den Erfolg Ihrer Verhandlung, Bewerbung, Klassenarbeit bildlich vorstellen.

Wir müssen unseren Organismus auf Erfolg programmieren, d. h. vorbereiten, indem wir diesen Erfolg visualisieren und damit schon im Vorfeld Nervenverbindungen anlegen, die den Erfolg programmiert haben. Ich bin mental total vom vollen Einsatz all meiner Energien und Fähigkeiten überzeugt. Durch eine solche Übung können wir erreichen, dass unsere Energie im Stirnlappen der Großhirnrinde bleibt, wo klares Denken möglich ist.

Ziel der Übung:

- Alle Energien für den Erfolg mobilisieren, Stress im Vorfeld vermeiden, siegessicher sein
- Körper, Geist, Energie und Emotionen fokussieren und mobilisieren

Die Übung erfolgt in zwei Stufen.

Durchführung:

1. Körpertraining, Körper-Vitalität

Verspannungen, Ängste, Stress, negative Gedanken, Emotionen schlagen sich im Körper nieder.

Solche negativen Einflüsse und Stress blockieren den Körper und den Energiefluss. Deshalb empfiehlt sich Körperaktivität (z. B. Jogging, Walking, Gymnastik oder Massage an den Stellen, an denen Verspannungen im Körper bestehen).

2. Visualisieren, mentales Programmieren

Wir visualisieren unseren Erfolg und stellen uns die zukünftige Situation bzw. Aufgabe vor. So bereiten wir unseren Organismus auf den Erfolg vor, sind mental überzeugt und mobilisieren alle Energien. Halten Sie Ihren Erfolg, Ihre Bewährungssituation in allen Einzelheiten aus und verfahren Sie wie in Übung 6 „mentales Programmieren" (siehe Seite 50 ff.) beschrieben.

ROT:
Mein Körper wird von Energie durchflutet. Mut, Enthusiasmus, Aktivität stellen sich ein.

ORANGE:
Kreativität, geistige Vitalität und Motivation erfüllen mich, meine Stimmung hellt sich auf.

GELB:
Mein Nervensystem harmonisiert sich. Konzentration, Erfolgswille, Lerneifer und Verstand verstärken sich.

GRÜN:
Meine emotionale Stabilität wird größer. Ich bin sicher und voller Nervenkraft.

BLAU:
Ich bin entspannt und unbeschwert, mich bringt nichts aus der Ruhe. Ich kann ruhig schlafen und bin geistig wach.

VIOLETT:
Meine geistige Kraft und Spiritualität werden größer. Ich bin innerlich mit mir in Frieden und Harmonie.

9. Emotionaler und mentaler Ausgleich durch Farben (Farbenbalance)

Ziel der Übung:

- Mit Hilfe der Farben soll ein ausgleichender emotionaler und mentaler Zustand angestrebt werden.
- Das Gleichgewicht soll stabilisiert werden.

Durchführung:

- Bevor Sie mit der Übung beginnen, schauen Sie sich die Farbskala in Ruhe an. Dann setzen Sie sich bequem hin und halten die Wirbelsäule absolut gerade (man kann sich auch in die entspannte Rückenlage legen). Jetzt schließen Sie die Augen und entspannen sich – bei gleichmäßiger und ruhiger Atmung.
- Wählen Sie jetzt die Farben aus, die Sie für Ihr inneres Gleichgewicht, für Ihre Zukunftsaufgabe, für Ihr Wohlbefinden brauchen. Entweder sind dies anregende Farben wie Rot, Orange, Gelb oder entspannende Farben wie Grün, Blau, Violett.
- Jetzt stellen Sie sich die entsprechenden Ausgleichsfarben vor. Bei jeder Farbe atmen Sie tief ein und beim Ausatmen stellen Sie sich die Farbe vor. Nach dieser Farbenbalance mit geschlossenen Augen öffnen Sie diese und sprechen die Affirmationen zu Ihren Ausgleichsfarben entspannt und überzeugt vor sich hin (siehe Texte in den Farbfeldern).

Hilfe bei Erschöpfung

Was allgemein für das Leben gilt, trifft auch für die Energie zu: Wir können nicht mehr ausgeben, als wir haben – sonst fühlen wir uns ausgebrannt und ausgepowert. Daher sollten wir uns um eine ausgewogene Energie-Balance kümmern, sonst drohen Müdigkeit, Gesundheitsstörungen, Verlust an Lebensfreude und letztlich Krankheit.

Das Leben zehrt an der Energie

Nur wer mit seinen Energien haushaltet, wird dauerhaft zufrieden und leistungsfähig bleiben.

Die Belastungen in der heutigen Zeit sind oft sehr groß: Kinder, Küche, Karriere, die Hektik des Alltags, die Vielfalt, die uns oft schwer zerreißt. Alles zehrt an unserer Kraft und kostet Energie. Doch wir müssen mit unserer Lebensenergie gut umgehen, sonst drohen Antriebslosigkeit, Abgespanntheit, das Gefühl von Erschöpfung und alltägliche Müdigkeit.

Wir kennen doch alle die Situation: Kinder, Partner, Chef, Freunde fordern uns. Manchmal sind wir schon mittags müde, ausgepowert, lustlos. Jeder Zweite leidet unter solchen schlaffen Zeiten und das schon in jungen Jahren (siehe Abbildung auf Seite 59).

Wir leben in den Tag hinein, verbrauchen gedankenlos Energie. Mit Energie hauszuhalten kommt uns erst im Alter in den Sinn. Wir schieben unsere Durchhänger auf alles Mögliche: auf das Wetter, die Kinder, den Verkehr. Energiemangel, Müdigkeit haben jedoch sehr viel mit uns selbst zu tun:

- mit unseren Lebensumständen: „Ich will alles und zwar sofort."
- mit unserem Aktionismus
- mit der Einteilung unserer Aktivitäten in der Familie, im Beruf und mit der Verdichtung unseres Tuns
- mit den Ansprüchen und Erwartungen unseres Umfeldes: der Kinder, des Partners, des Chefs, der Freunde

Wir setzen ständig Energie ein und powern sie hinaus, ohne uns Gedanken über neue, zufließende regenerative Energien zu machen.

Wir sorgen nicht für neue Energien, z. B. durch Körperaktivitäten, durch vollwertige Ernährung und durch geistige Kräfte. Wir kümmern uns nicht um die Quellen neuer Energien.

58

Wie kommt es zur energetischen Unausgewogenheit?

Grundsätzlich entsteht ein Ungleichgewicht, wenn wir im Alltag, in Familie, Beruf und Freizeit zu viel Energie verbrauchen und zu wenig Regeneration, d. h. zu wenig Energiezufuhr, erfolgt. Durch vitalstoffarme Ernährung, negatives Denken, übermäßigen Stress, durch Konflikte und andere belastende Lebenssituationen entstehen Störungen im Energiefluss des Körpers, im Meridiansystem. Es kommt zu Energieblockaden und zu Verspannungen. Die chinesische Akupunkturlehre spricht dabei von der „Fülle" (Überenergie) und „Leere" (Unterenergie). Durch diese Verschiebungen steht uns das Energiepotenzial, unsere Lebenskraft, nicht voll und jederzeit zur Verfügung. In dieser Situation bleibt uns nichts anderes übrig, als die fehlende Energie durch Kraft zu ersetzen. So zehren wir von unserer Substanz. Das führt über kurz oder lang zu Beschwerden, zu Ausgebrannt-Sein (Burn-out-Syndrom), zu Leistungsminderung und letztlich zu Krankheiten.

Vitalität, Lebensfreude und Erfolg im Leben hängen eng mit dem Energieniveau und der zielgerichteten Energieversorgung zusammen.

Mit Kinesiologie zu mehr Energie

Kinesiologie kann helfen, Energie in der Balance zu halten und so ständig ausreichend Lebenskraft zur Verfügung zu haben.

Diese Energiedefizite bzw. Blockaden kann man z. B. durch den Muskeltest feststellen und durch kinesiologische Maßnahmen und Übungen wieder ins Gleichgewicht bringen.

Doch woran kann ich erkennen, ob meine Energie harmonisch durch meinen Körper fließt oder ob ich aus dem Gleichgewicht bin? Wie fühle ich mich, wenn ich energetisch aus dem Gleichgewicht bin und wenn der Energiefluss blockiert ist?

Zur Klärung dieser Fragen hilft folgender Check-up:

Check up: Ist mein Energiesystem im Ungleichgewicht?
- Bin ich gut drauf, fühle ich mich fit?
- Bin ich wach und aufmerksam bei der Sache?
- Bin ich konzentriert, fokussiert?
- Habe ich einen klaren Kopf?
- Bin ich entspannt und unbeschwert?

Das menschliche Energiesystem
Es hat lange gedauert, bis die westliche Wissenschaft den Körper als Energiesystem, als Fließsystem und damit als Zentrum der Vitalität und letztlich des Lebens erklären konnte, weil beim Sezieren eines Körpers keine sichtbaren Energiekanäle, wie es etwa bei Venen und Arterien der Fall ist, sichtbar wurden.

In der östlichen Tradition dagegen sah man die grundlegenden Funktionssysteme des Lebens immer als energetisiert an.

Heute nehmen wir an, dass die Lebensenergie eines Menschen in speziellen Energie-Kanälen, den Meridianen, im Körper fließt, die in der Medizin, z. B. durch Akupunktur, reguliert und stimuliert werden.

Das Energiesystem kann z. B. durch Stress bzw. andere Formen des Energieverbrauchs überfordert und gestört werden:

„In der gleichen Weise, wie elektrische Stromkreise in einem Haus überlastet werden können, können auch die neurologischen und physiologischen Funktionskreise im Körper überfordert werden und ‚abschalten‘, so dass das normale Fließen der Gehirn-Körper-Kommunikation blockiert wird. Die Notwendigkeit, den freien Fluss in den elektromagnetischen Funktionskreisen des Körpers sicherzustellen, wurde von medizinischen Autoritäten des Westens und des Ostens gleichermaßen anerkannt.“

Paul E. und Gail Dennison (in: Brain-Gym-Lehrerhandbuch, S. 31)

Wir können heute in der Kinesiologie oder mit Hilfe einfacher Akupressurmassagen durch das Berühren und Halten von Meridianpunkten sowie durch das Nachfahren von Meridianverläufen den Energiefluss in Balance bringen. Die folgende Übung aktiviert den Zentralmeridian und regt dadurch den Energiefluss an. Das Gehirn wird mit mehr Energie versorgt.

Aktivieren des Zentralmeridians (Zentralgefäß)

Übung

Ziel der Übung:
- Aktivieren des Zentralgefäßes und damit Anregung des Energieflusses, vor allem der Energie des Gehirns. Dadurch werden die Gehirnfunktionen verbessert und eine allgemeine Energetisierung des Körpers erreicht.
  Sie bekommen einen klareren Kopf.

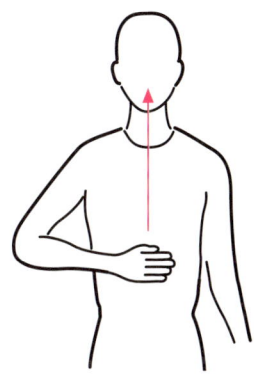

Durchführung:
- Stellen Sie sich in Ruhe entspannt hin.
- Streichen Sie jetzt mit der Innenfläche Ihrer geöffneten linken Hand in einem Abstand von etwa fünf Zentimetern von Ihrem Nabel aus aufwärts bis zu Ihrer Unterlippe.

- Führen Sie diese Bewegung mehrmals durch und ziehen Sie zum Schluss Ihre Hand seitwärts weg. (Ein Abwärtsstreichen verlangsamt den Fluss der Meridianenergie. Sind Sie, bzw. der Klient, hyperaktiv, dann schließen Sie mit einer Abwärtsbewegung.)

Das Energie-Mobilisierungs-Programm

Das Übungsprogramm kann dazu beitragen, mehr Energie und Vitalität einzusetzen, Konzentration und geistige Energie sowie gute Laune und Kreativität zu verbessern.

Bei einem kinesiologischen Energie-Mobilisierungs-Programm werden Körper, Geist und Seele (Emotion) ganzheitlich vernetzt. Körperliche Einwirkungen bzw. Übungen wirken deshalb auch auf das Denken, Sehen, Hören und Empfinden, ja letztlich auch auf das Verhalten. Deshalb können wir mit scheinbar einfachen Übungen viel erreichen. Das folgende Programm will Ihnen helfen, Ihren Energiestrom zu aktivieren, Blockaden und Fließstörungen zu vermeiden und in der Balance zu bleiben, um so in Familie, Schule, Beruf und Freizeit zu vermeiden, dass Ihnen die Kraft ausgeht.

Das Energie-Mobilisierungs-Programm umfasst vier Teilschritte, die wegen der Körper-Geist-Seele-Vernetzung auch immer alle eingeübt werden sollen. Es empfiehlt sich, dieses Programm schrittweise und über einen längeren Zeitraum einzuüben. Alle Übungen lassen sich leicht und bequem ausführen. Die Übungen stellen keine Gymnastik dar. Kinesiologische Übungen wollen die inneren und äußeren Bewegungen in der Balance halten bzw. in Balance bringen. Die physiologischen Abläufe im Körper funktionieren besser und der Körper kann Lebenskraft entfalten. Das Programm umfasst folgende Schritte:
1. Energiestrom einschalten
2. Das Gehirn auf Trab bringen
3. Energie einatmen
4. Emotionen in die Balance bringen

1. Energiestrom einschalten

Um den Tag gut bewältigen zu können, sollten wir uns aufwärmen und unsere Energien einschalten. Wir sind dann nicht mehr so leicht aus der Ruhe zu bringen und haben mehr Energie für sachliche Konfliktlösungen. Wir können den Tag besser erleben und unsere Arbeit besser erledigen.

„Untätigkeit schwächt, Übung stärkt, Überlastung schadet."
Sebastian Kneipp

Start-up-Energie

Ziel der Übung:

Übung

- Der Energiefluss in den zentralen Meridianen wird „eingeschaltet", d. h. normalisiert.
- Sie fühlen sich durch die Übung wacher, klarer und gelassener.
- Die Übung trägt zur Integration der rechten und linken Gehirnhälfte bei, aktiviert die Sehzentren und stärkt die Muskeln.

Durchführung:

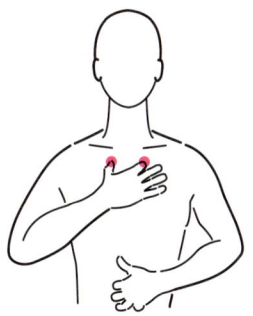

- Alle fünf Fingerspitzen einer Hand legen Sie kreisförmig um Ihren Nabel. Der Daumen zeigt dabei in Richtung Kopf, also nach oben.
- Zeigen Sie mit Ihren Fingerspitzen in Richtung Ihres Körperinneren. Dabei wird die Aufmerksamkeit auf Ihren Gravitationsmittelpunkt gelenkt, denn die Fingerspitzen sind mit einem engen Nervengeflecht ausgestattet, das zur Anregung des Meridian-Energiesystems beiträgt.
- Lassen Sie Ihre Hand in dieser Position, während Sie die nächsten Schritte der Übung tun.

Jetzt geht es um die Links-rechts-Integration der Körperdimensionen:

- Unterhalb Ihrer Schlüsselbeine, beiderseits des Brustbeins, zwischen Ihrer ersten und zweiten Rippe, liegen in einer Mulde die Akupressurpunkte der Niere 27. Massieren Sie diese. Man nimmt an, dass diese Akupunkturpunkte die zentralen Punkte des Akupunktursystems sind und mit allen Körperfunktionen in Verbindung stehen.

• Mit der Massage dieser Punkte erreicht man eine intensive Versorgung des Gehirns mit Blut und Sauerstoff.

Jetzt geht es um die Oben-unten und Vorne-hinten-Integration:

• Massieren Sie die Punkte oberhalb Ihrer Oberlippe und unterhalb Ihrer Unterlippe. Damit werden die Endpunkte des Zentralgefäßes (vorne) und des Gouverneursgefäßes (hinten) angeregt.

2. Das Gehirn auf Trab bringen

Unsere Energie, die wir im Alltag einsetzen können, um unsere Aufgaben in Schule, Beruf, Haushalt und Familie optimal erfüllen zu können, hängt davon ab, wie die Energie in unserem Körper fließt, wie die Kommunikation zwischen Gehirn und Körper bzw. im Gehirn und im Körper funktioniert.

Wenn wir unter Stress nicht so reagieren bzw. uns so verhalten, wie wir eigentlich wollen, liegt oft eine Energieblockade vor, weil wir uns z. B. geärgert haben. Wir sind blockiert, weil die beiden Gehirnhälften nicht miteinander kommunizieren. Grundvoraussetzung für ein energievolles Arbeiten, Denken und Verhalten ist die Integration der beiden Gehirnhälften.

Denkmütze

Ziel der Übung:

Übung

• Sie fördert die Aufmerksamkeit, das Hinhören und die Aktivierung der Durchblutung im Kopf.

• Ablenkende Geräusche (Musik, Sprache, Lärm u. a.) werden ausgeblendet. Man kann sich besser konzentrieren und wird wacher.

- Das Denken und Behalten verbessern sich.
- Das Gehirn und auch der Körper werden besser mit Energie versorgt, zumal am Ohr die Ohrakupunkturpunkte stimuliert werden.
- Beide Gehirnhälften werden balanciert.

Durchführung:
- Ziehen Sie mit Daumen und Zeigefinger Ihre Ohren sanft nach hinten, als wollten Sie den Rand ausfalten.
- Beginnen Sie an den Ohren ganz oben und gleiten Sie dann die Ohren massierend nach unten bis zum Ohrläppchen.
- Wiederholen Sie die Übung dreimal.

Gehirnhälften vereinen

Ziel der Übung:
- Damit Sie nicht nur linkshirnig, rational vorgehen, also nüchtern alles betrachten, sondern beide Gehirnhälften einsetzen, sollen beide Hemisphären synchronisiert werden.
- Rechtes und linkes visuelles Feld, rechte und linke Körperseite (Bewegung), beide Geistseiten (integrierte Denkprozesse) werden verbunden. Die Folge sind mehr Leichtigkeit im Denken, in der Kommunikation und bei der Arbeit und in der Freizeit.

Übung

Durchführung:
- Breiten Sie Ihre Arme und Hände seitlich so weit wie möglich aus. Stellen Sie sich vor, Ihre Gehirnhälften lägen auf den entsprechenden Händen. Bringen Sie jetzt die vorgestellten Gehirnhälften zusammen, während Sie langsam die Hände vor Ihrem Körper zusammenführen und die Finger verschränken.
- Genießen Sie die Gehirnintegration und die „Bethaltung" der Hände vier bis acht Atemzüge lang.

Elefant (siehe Seite 33)

Ziel der Übung:

Übung
- Unkorrekte Nackenmuskelspannungen, die eine Verbindung zur Tonwahrnehmung haben, werden entspannt.
- Kurz- und Langzeitgedächtnis werden aktiviert, wie auch die Integration von Sehen, Hören und Bewegen des ganzen Körpers.
- Zuhören und Hör-Verstehen sowie das Sprechen werden gefördert. Das Gleichgewichtsgefühl wird verbessert.

Durchführung:
- Stehen Sie bequem mit leicht gebeugten Knien. Legen Sie den Kopf an die Schulter auf die zeigende Hand. Beide Augen sind offen und Sie schauen über die zielende Hand in die Weite und malen dabei eine liegende Acht. Die Bewegung kommt aus der Hüfte. Der Arm bleibt ruhig am Kopf.

Energiegähnen

Ziel der Übung:

Übung
- Gähnen balanciert viele Energiesysteme in unserem Körper, z. B. die Kaumuskulatur und das Kiefergelenk.
- Gähnen fördert die Entgiftung und die Bildung von Tränenflüssigkeit und vermeidet damit trockene, gestresste Augen.
- Gähnen entspannt den gesamten Körperbereich.

Durchführung:
Gähnen Sie tief und laut. Atmen Sie dabei tief in Ihr Zwerchfell und dann wieder voll aus, bis Sie keine Luft mehr in den Lungen haben.

Das Gähnen stellt sich beim langsamen tiefen Einatmen automatisch ein.

Wiederholen Sie den Vorgang drei- bis fünfmal.

66

Balancepunkte halten

Ziel der Übung:

Übung

- Wir sind noch nicht ganz wach, vielleicht auch Witterungseinflüssen unterworfen. Die Energie fließt noch nicht, vielleicht spüren wir einen dumpfen Druck im Kopf, fühlen uns belastet und können uns nicht konzentrieren. Dann hilft oft das Halten der Balancepunkte.

- Durch diese Stimulation der Balanceknöpfe werden Körper und Geist in drei Dimensionen ins Gleichgewicht gebracht: links/rechts, oben/unten und hinten/vorne.

- Der Kopf wird klar, Ohren und Körper entspannen sich.

- Es erfolgt eine Steigerung der Konzentrationsfähigkeit, eine erhöhte Aufnahmebereitschaft, müheloses Denken, ein Gefühl des Wohlbehagens und der Ausgeglichenheit.

Durchführung:

- Legen Sie zwei oder mehr Finger der rechten Hand auf den rechten Balanceknopf (direkt über der Einbuchtung, an der der Schädel auf den Nacken trifft).

- Die linke Hand berührt den Bauchnabel.

- Der Kopf wird dabei normal geradeaus gerichtet.

- Wechseln Sie nach 30 Sekunden die Hände, d. h. halten Sie mit der linken Hand den linken Balanceknopf.

3. Energien einatmen

Tiefes rhythmisches Atmen trägt zum Stress-Abbau und zur Entspannung bei. Der Atemstrom bringt aber auch neuen Sauerstoff in unseren Körper und versorgt uns dabei mit Energie. Verbrauchte Energien werden beim Ausatmen entsorgt. Deshalb ist tiefes Atmen so wichtig für unsere Energie und Aufgeschlossenheit. Die folgenden Übungen helfen dabei.

Energie einatmen

Ziel der Übung:

* Versorgung von Körper und Kopf mit Sauerstoff bzw. Energie
* Stimmungs-Balance

Durchführung:

* Stellen Sie sich möglichst vor ein offenes Fenster, atmen Sie durch die Nase tief, möglichst in den Bauch, ein und langsam durch den Mund aus.
* Stellen Sie sich dabei vor, wie Sie Sonnenkraft und Energie einatmen und die „Schlacken" durch Ihre Poren wieder ausatmen.
* Lassen Sie beim Einatmen Wünsche, Ziele, Sehnsüchte herein und beim Ausatmen Bedrückendes, Belastendes, Blockierendes, Ärger heraus.
* Dauer der Übung: zehn Atemzüge (langsam) lang

4. Emotionen in die Balance bringen

Die folgende Übung kann dazu beitragen, Emotionen auszubalancieren, indem die durch die negativen Emotionen entstandenen Energieblockaden aufgelöst werden und eine veränderte emotionale Wahrnehmung angestrebt wird. Diese Methode bezieht sehr wirkungsvoll das ganze Gehirn in den Stress-Abbau ein.

Durch die Übung mit der Augenrotation wechselt die Blickrichtung jedes Mal, wenn wir einen anderen Gehirnbereich aktivieren. Aus den Forschungen von Dr. Wayne Topping wissen wir andererseits auch, dass wir durch eine komplette Augenrotation alle Gehirnbereiche aktivieren.

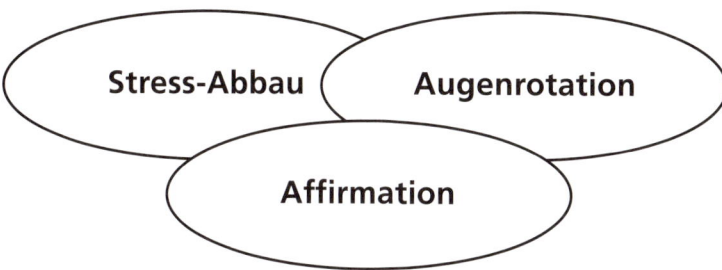

Emotionale Balance

Ziel der Übung:

- Durch Entspannung (Halten der positiven Punkte) und Gehirnaktivierung (Augenrotation) erleben Sie eine veränderte emotionale Wahrnehmung; Stress wird abgebaut und das emotionale Wohlbefinden verbessert sich. Energie kann wieder harmonisch durch den Körper fließen.

Übung

Durchführung:

- Halten Sie Ihre positiven Punkte, die Stirnhöcker.
- Bewegen Sie dazu mindestens einmal langsam und bedächtig Ihre Augen im Uhrzeigersinn. Wenn Sie die Rotationsrichtung ändern, sollten sich die Kreise überlappen.
- Dehnen Sie bewusst Ihre Augenmuskeln sanft, bis Ihre Augen gleichmäßig laufen.

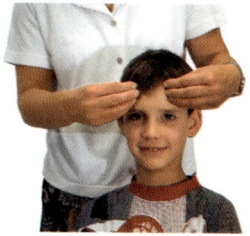

- Während Sie Ihre Stirn halten und die Augen rotieren lassen, programmieren Sie sich mit positiver Energie durch eine abgestimmte Affirmation, wie z. B. „Ich fühle mich sicher und stark" oder „Meine Energie fließt harmonisch durch meinen Körper". Diese Affirmation gelangt direkt in Ihr Unterbewusstsein.

  Nach einer starken emotionalen Belastung, z. B. aufgrund einer riskanten Verkehrssituation, halten Sie am besten an, beruhigen Ihr wild pochendes Herz und Ihre starke Erregung durch Stress-Abbau (Halten der positiven Punkte) mit Augenrotation und Affirmation.

Sagen Sie sich dabei z. B. „Ich bin ganz ruhig und entspannt.“

Die Übung trägt dazu bei, dass Sie sich schnell entspannen und wieder wohl fühlen – eine große Hilfe in vielen Lebenssituationen.

Klar und fit im Kopf

Nur wer den Kopf frei hat und sich konzentrieren kann, hat Erfolg beim Lernen. Energien müssen gezielt eingesetzt und Blockaden gelöst werden.

Lernen als Grundlage des Lebens

Wer das Denken und Lernen beherrscht, kommt im Leben gut zurecht und kann sich weiterentwickeln. Doch sind wir auf das Lernen genügend vorbereitet?

Lernen entwickelt sich in unserer Lern- und Wissensgesellschaft immer mehr zu einer Basisfähigkeit: lernen, mit anderen umzugehen, von anderen lernen, lernen, sich weiterzuentwickeln, sich zu verändern und an neue Lebenssituationen anzupassen. Lernen ist auch für die gesamte Familie ein zentrales Thema: Die Kinder lernen in der Schule, für eine Klassenarbeit, machen Hausaufgaben, Vater und Mutter sollen sich im Beruf weiterbilden, Neues hinzulernen und neue Freizeitaktivitäten erlernen. Für alle Familienmitglieder bedeutet es eine schwierige Lernaufgabe, gut miteinander auszukommen.

Lernen ist zwar in erster Linie eine Sache des Kopfes und der Emotionen. Aber auch der Körper muss gepflegt werden, damit er bereit und in der Lage ist, der Lernabsicht zu folgen, indem er z. B. die Energie frei und ungehindert fließen lässt und keine Verspannungen bildet. Lernen, Denken und Behalten sind an das Zusammenspiel von Körper, Geist, Emotionen und Lebensweise gebunden.

Lebensstil und Stress erschweren das Lernen und Denken

Wir leben in einer Erregungsgesellschaft. Durch Konsumerleben, Freizeitaktivitäten, durch Fernsehen und Medien, durch vielfältige Möglichkeiten werden wir angeregt, abgelenkt und zerstreut. Dieser Lebensstil erfordert viel Energie. Er bringt uns vielfach in Dauer-Stress.

Ein Wettbewerb um unsere Aufmerksamkeit hat eingesetzt. Vor allem Kinder machen oft nur das, was am meisten stimuliert. Die Folge ist, dass immer mehr Menschen am Aufmerksamkeitsdefizitsyndrom (ADS) leiden.

Bei einer großen Zahl von Schülern konnte man Lernprobleme diagnostizieren (in Amerika bei 80 Prozent). Dazu zählen Hyperaktivität, Aufmerksamkeitsdefizitsyndrom, Verhaltensstörungen u. a. Die Ursachen liegen auch im Lebensstil und Stress, der aktiven, hyperaktiven Suche nach intensiver Stimulation (Nervenkitzel) oder im geistesabwesendem Abdriften in eine Art von Gleichgültigkeit und Coolness („Tagträumen").

Der Stress löst im Nervensystem Abläufe aus, die ein auf das Überleben hin orientiertes Verhalten produzieren und regulieren. Dieser Stress behindert die volle Entwicklung des Gehirns und überbetont Überlebensprozesse auf Kosten anderer Gehirnvorgänge. Dadurch haben stressbelastete, überlebensorientierte Menschen weniger Gelegenheit, die neuralen Netze in die Stirnlappen hineinzuentwickeln. Sie weisen deshalb Lernschwierigkeiten auf, allerdings auch oft Hyperaktivität, gestörtes soziales Verhalten u. a. Die Überaktivierung im „Überlebensbereich" führt zu Defiziten in anderen Bereichen.

Stressbelastete Menschen leiden oft unter Hyperaktivität und Lernproblemen.

Neben den durch den genannten Lebensstil bedingten Gründen gibt es noch weitere Ursachen, die das Lernen erschweren und in unserer Zivilisation begründet sind, wie folgende Abbildung zeigt.

Lernbedingungen in der Familie hegen und pflegen

Wollen wir in der Familie oder bei einem einzelnen Familienmitglied günstige Bedingungen für Lernen und kreatives Denken schaffen, müssen wir verschiedene Einflüsse optimieren:

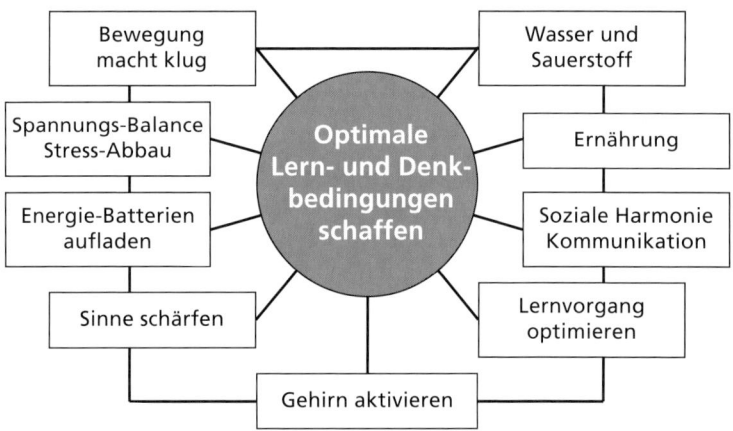

Entspannen und Einstimmen

Den Kopf frei zu haben ist die Grundvoraussetzung für jedes konzentrierte Arbeiten.

Bevor man eine Arbeit in Angriff nimmt, die Konzentration erfordert, oder mit den Hausaufgaben beginnt, sollte man entspannen und das Vorangegangene loslassen. Ist man noch innerlich aufgedreht, sollte man mit dem Lernen bzw. der neuen Arbeit nicht beginnen. Sorgen Sie also zunächst dafür, dass die Hektik abgestreift wird und die Gedanken frei sind für das Neue.

Mit einer Entspannungsübung kann jeder dem „Bienenhaus in sich selbst" entkommen und den summenden Schwarm der vielfältigen Eindrücke zum Schweigen bringen. Dazu eignen sich auch folgende Übungen:

- positive Punkte halten (siehe Seite 46)
- Eule (siehe Seite 34)
- emotionale Balance (siehe Seite 69 f.)

Bewegung macht klug

„Bewegung ist das Tor zum Lernen", meinte Paul E. Dennison. Bewegung ist demnach für das schulische Lernen, aber auch für das Erlernen von Neuerungen und von neuen Verhaltensweisen absolut notwendig. Erst durch Bewegung werden viele unserer geistigen Fähigkeiten erweckt und aktiviert. Kommt das Kind aus der Schule, Vater und Mutter aus dem Büro, so haben sie eine bewegungsarme Arbeitsphase hinter sich. Bevor anschließend Hausaufgaben gemacht werden bzw. am Computer weiter gearbeitet oder auch vor dem Fernseher „abgeschaltet" wird, sollte man sich bewegen. Viele treiben Sport, weil sie wissen, dass Bewegung gut für den Körper ist. Den wenigsten ist jedoch bewusst, dass diese auch Auswirkungen auf das Gehirn, das Denken, Lernen und Wahrnehmen hat.

Sportliche Bewegung ist vor einer geistigen Anstrengung durchaus empfehlenswert.

Der „Denkapparat" Gehirn ist stark von einer guten Durchblutung und einer optimalen Versorgung mit Sauerstoff abhängig. Vor allem speziell koordinierte Bewegungen stimulieren die Produktion von Neurotrophinen. Das sind natürliche Stoffe, die das Wachstum der Nervenzellen anregen und die Anzahl der Verbindungen im Gehirn vermehren. Bewegung macht also klug. In der Schule bringt man den Kindern bei, still zu sitzen, Körper und Augen nicht zu bewegen. Dieses behindert jedoch das Lernen, Denken und Behalten.

Brain-Gym als Lerngymnastik

Diese einfachen Übungen der Edu-Kinesiologie fördern die Sinnesorgane, aktivieren die Gehirntätigkeit, reduzieren die Stressreaktionen, synchronisieren das Gehirn und erleichtern dadurch Denken, Lernen, Behalten, Auffassungsgabe, Durchhaltevermögen u. a. Durch die Brain-Gym-Übungen (siehe Seiten 32 ff., 47 ff., 87) wird mit minimalen Korrekturen

Brain-Gym rüttelt das Geist-Körper-System wach und versetzt es in Lernbereitschaft.

bzw. Anregungen das Geist-Körper-System gefördert bzw. aktiviert. Es sind Mini-Interventionen mit großen Wirkungen. Sie schaffen bessere Lern- und Denkbedingungen. Einfache Bewegungen führen zu weit reichenden Stimulationen und Veränderungen. In das Brain-Gym-Konzept fließen die Erkenntnisse der modernen Medizin und Gehirnforschung sowie der traditionellen chinesischen Heilkunst mit ein.

Das können Sie mit Brain-Gym erreichen:
- Stress-Abbau, Reduzierung von emotionalem Stress
- Verbesserung der Hör- und Sehfähigkeit
- Verbesserung des Erinnerungsvermögens
- Auflösen von Lernblockaden und Muskelspannungen
- Aktivieren und Synchronisieren beider Gehirnhälften
- Hilfe bei Verhaltensproblemen
- bessere Sauerstoffversorgung

Das Gehirn startklar machen

Bevor wir mit einer wichtigen Arbeit oder mit dem Lernen beginnen, muss zunächst entspannt und danach das Gehirn startklar gemacht, d. h. eingeschaltet, werden. Carla Hannaford nennt dieses Konzept, das Gehirn einzuschalten, PACE = positiv, aktiv, klar (engl. clear) und voller Energie. Diese Übungsfolge zur Förderung der Lern- und Arbeitsbereitschaft kann gewöhnlich morgens, nach der Pause oder nach dem Essen durchgeführt werden. Die Schüler werden dadurch wirkungsvoll auf das Lernen vorbereitet. Für Erwachsene empfiehlt sich die Übungsfolge vor einer konzentrierten Tätigkeit.

Zu dieser Übungsfolge gehören:
- Überkreuzbewegungen, liegende Acht, Elefant (Seite 32 ff.)
- Hook-ups (siehe Seite 50)
- Start-up-Energie (siehe Seite 63)

Um die Energie-Batterien aufzuladen, können zusätzlich die Übungen des Energie-Mobilisierungs-Programms (siehe Seite 62 ff.) wahlweise durchgeführt werden. Sie eignen sich nicht nur als Start zu einer Leistung, sondern auch für eine Zwischenstärkung, um das Gehirn in Schwung zu halten.

Die Sinne schärfen und entspannen

Unsere Sinne – Sehen, Hören, Schmecken, Riechen, Berühren – werden in der heutigen Zeit unterschiedlich genutzt. Vor allem das Sehen und Hören werden stark beansprucht durch die Bilderwelt aus den Medien, das Lesen, die Computerarbeit und den Lärm.

Durch die Bilderflut und die zahllosen Geräusche werden Sehen und Hören stark strapaziert und bedürfen öfter einer Erholungspause.

„Sehen ist eine erlernte Fähigkeit, die Aufmerksamkeit erfordert. Mit dem Sehen verhält es sich ebenso wie mit der Aufmerksamkeit: Beides muss ständig wieder auf das Objekt konzentriert werden, wir müssen ständig neu fokussieren."

Gail und Paul E. Dennison (in: Vision, the Centering and Organizing of the Self, Brain Gym Journal, Bd. 8, Nr. 2, 1994)

Alle Familienmitglieder sollten deshalb mehrmals täglich ihren Augen und Ohren eine kleine Erholungspause gönnen. Das geht auch am Computer oder während der Hausaufgaben. Diese Übungen bzw. Pausen schärfen Augen und Ohren wieder und helfen, besser zu lesen, zu hören und zu verstehen.

Die folgenden Übungen schärfen Augen und Ohren:
- die liegende Acht für die Augen
- die Augenpunkte massieren
- Palmieren
- Denkmütze (siehe Seite 64)

Liegende Acht für die Augen
Ziel der Übung:
- Die Augen entspannen sich. Sie werden von ihrer einseitigen Einstellung, z. B. Sehen auf den nahen Text, befreit und

können sich umfassend bewegen. Dabei verbessert sich die Sehschärfe. Sie können wieder besser lesen und verstehen.
Durchführung (siehe auch Seite 32):

- Halten Sie Ihren Arm ausgestreckt vor sich hin. Ihr Daumen zeigt in Nasenhöhe nach oben.
- Fixieren Sie Ihren Daumen und folgen Sie ihm mit den Augen, während Sie mit ihm sorgfältig die „liegende Acht" in die Luft malen. Schreiben Sie dabei immer von der Mitte vor der Nase nach oben und an den Seiten nach unten. Verfolgen Sie also mit Ihren Augen immer den Daumen. Dehnen Sie bewusst Ihre Augenmuskeln und halten Sie dabei den Kopf ganz ruhig.
- Führen Sie die Übung erst mit jeder Hand einzeln durch, danach mit beiden Händen zusammen.

Die Augenpunkte massieren

Ziel der Übung:

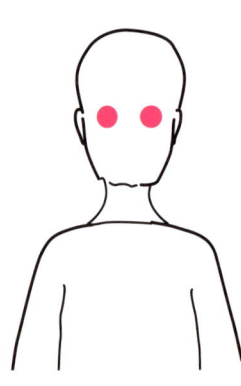

- Das Sehzentrum im Gehirn, der primäre visuelle Kortex, wird stimuliert.
- Die Augen entspannen sich und werden von ihrer einseitigen (reduktionistischen) Seheinstellung befreit.

Durchführung:

- Massieren Sie Ihre „Augenpunkte" am Hinterkopf, in den kleinen Mulden etwa in Höhe der Ohren-Oberkante oberhalb der ersten Schädelwölbung.
- Schauen Sie in alle Richtungen, während Sie den linken und den rechten Punkt reiben.
- Fixieren Sie einen Gegenstand in Ihrer Nähe und dann einen Gegenstand in der Ferne, um die Nah-Fern-Anpassung der Augen zu aktivieren.

Achtung! Wenn Ihnen eine Blickrichtung unangenehm ist, halten Sie Ihre „positiven Punkte" (siehe Seite 46), bis die Spannung nachlässt.

Palmieren

Ziel der Übung:

- Ermüdete Augen entspannen sich.
- Die Blutzirkulation wird angeregt.

Durchführung:

- Reiben Sie Ihre Hände gegeneinander, bis sie warm sind.
- Formen Sie aus beiden Händen eine Schale und bedecken Sie Ihre geschlossenen Augen mit Ihren Handflächen.
- Stellen Sie sich vor, wie sich Ihre Augen in dieser warmen dunklen Höhle entspannen oder visualisieren Sie eine Blume, z. B. eine Rose oder ein anderes Naturbild, welches Sie entspannt. Damit entspannen Sie Ihr Gehirn und aktivieren Ihre rechte Gehirnhälfte.
- Summen Sie oder denken Sie an eine schöne, entspannende Musik.

Ihre Augen und auch Ihr Gehirn sind in wenigen Minuten deutlich entspannter.

Optimales bewusstes Lernen

Wer bewusst lernt, achtet auch darauf, dass keine Energie unnötig für Nebensächlichkeiten und Ablenkungen abgezogen wird. Alle zur Verfügung stehende Energie wird optimal eingesetzt, Lernschwierigkeiten bzw. Engpässe werden vermieden und immer wieder wird versucht, eine optimale Lernsituation herzustellen. Das gilt sowohl für die Anleitung der Kinder wie auch für die eigene geistige Arbeit.

Wichtig ist, dass alle Energie gezielt zum Lernen eingesetzt wird.

Engpässe werden z. B. durch folgende Übungen beseitigt (vgl. Dennison, G. und P. E. / Teplitz, J. V., Brain-Gym fürs Büro, S. 150, 1996):

Lernprobleme	Übungen
Aufmerksamkeit, Konzentration	Wadenpumpe (siehe Seite 33) Eule (siehe Seite 34)
Korrekte Rechtschreibung	Elefant (siehe Seite 33) Eule (siehe Seite 34)
Auf Details achten	Überkreuzbewegungen (siehe Seite 32, 47) Liegende Acht (siehe Seite 32)
Etwas zu Ende bringen	Hook-ups (siehe Seite 50) Fußpumpe (siehe Seite 34 f.) Wadenpumpe (siehe Seite 33)

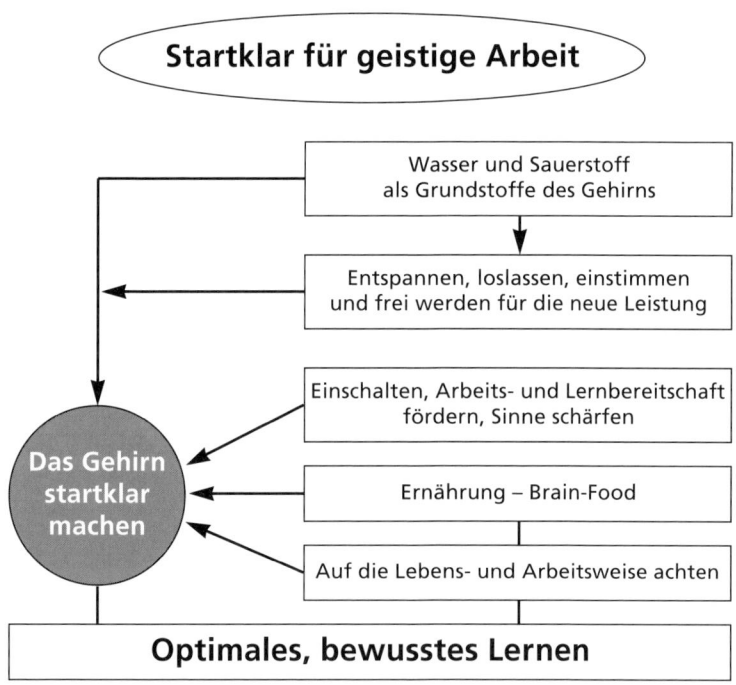

Startklar für geistige Arbeit

Wasser und Sauerstoff als Grundstoffe des Gehirns

Entspannen, loslassen, einstimmen und frei werden für die neue Leistung

Einschalten, Arbeits- und Lernbereitschaft fördern, Sinne schärfen

Das Gehirn startklar machen

Ernährung – Brain-Food

Auf die Lebens- und Arbeitsweise achten

Optimales, bewusstes Lernen

Miteinander
glücklich leben

Ein glückliches Familienleben hängt wesentlich davon ab, ob jeder in seinem Gleichgewicht bleibt, die Energie harmonisch fließt und weder der Körper noch der Geist oder die Emotionen blockieren. Dadurch können alle ihre Individualität bewahren und sich dennoch einordnen. Die Beziehungen werden vielfältig und offen und jeder erfährt Wertschätzung und Anerkennung.

Die Verbesserung der Beziehungsqualität

Für Kinder ist es sehr wichtig, in einer friedlichen, geordneten häuslichen Umgebung aufzuwachsen.

Das Miteinander der Familie ist wie die Familie selbst im Wandel. Doch Ziel jeder Familie ist es, miteinander glücklich zu leben, Geborgenheit zu erfahren und dabei zugleich ausreichend individuelle Freiheiten zu haben: Die Zunahme von flexiblen Bindungen sowie große Individualität kennzeichnen die Situation in unserer Gesellschaft.

Man spricht von Family-Wellness und meint damit, dass jeder in der Familie sich zunehmend selbst verwirklicht und dafür individuelle Freiräume braucht, aber jeder dennoch die stabile Gemeinschaft und die Kommunikation schätzt. Um dies zu erreichen, kommt es wesentlich auf die Beziehungsqualität an.

Vor allem für das Wohlbefinden der Kinder ist es wichtig, eine geordnete und friedliche häusliche Umgebung zu schaffen. Eltern, die ein stressarmes, friedliches und geregeltes Leben führen, die Geborgenheit lieben und Kommunikation pflegen, fördern sowohl ihre Kinder wie auch die anderen Familienmitglieder in ihrer eigenen persönlichen Entfaltung und sie pflegen gleichzeitig das Miteinander. Das wirkt sich letztlich sogar auf die schulischen Leistungen aus.

Jeder Mensch und besonders Kinder wollen anerkannt werden und ohne familiäre und soziale Spannungen leben. Unterstützende, funktionierende, stressarme Familienbeziehungen besitzen also eine zentrale Bedeutung.

Sie verringern oder verhindern:
- Schlafstörungen
- übermäßige Aktivität – Hyperaktivität
- die Unfähigkeit, sich auf eine Aufgabe zu konzentrieren
- Lernschwierigkeiten

- mangelhaftes Sozialverhalten
- innere Unausgeglichenheit

Eine gute Beziehungsqualität kann auch seelischen Problemen vorbeugen, vor allem, wenn man in Ruhe über alles re-
den kann und Stress vermeidet. Das bedeutet z. B.:

Sinnvolle Arbeit vertreibt Stress und schlechte Laune.

- Stress vermeiden und reduzieren durch Lebenskunst
- sich von Überflüssigem befreien: sinnvolles Zeitmanage-
  ment, Energie-Balance, Müll-Management betreiben
- in der Unübersichtlichkeit den Überblick bewahren: fo-
  cussieren und integrieren, Qualität statt Quantität pflegen
- Lebensunsicherheit als Stressfaktor ausschalten: Selbstbewusstsein und Zukunftsdenken fördern
- Lebensordnung schaffen: dem Leben Harmonie und Rhy-
  thmus geben und sich Zeit lassen
- sich entspannen: den Strom der Gedanken und Belastungen unterbrechen

Statt meckern besser positiv fördern

Eine positive Beziehung in der Familie entsteht nicht durch
Schimpfen, Meckern und Korrigieren. Wenn wir dem anderen,
den Kindern oder dem Partner mental oder verbal Vorwürfe
machen, ziehen wir Negativität an, stören das Miteinander und
blockieren den Energiefluss. Wenn wir nur das sehen bzw. kri-
tisieren, was uns nicht behagt, bekommen wir nicht nur mehr
davon, sondern blocken auch all die Dinge ab, die wir viel lieber hätten. Durch die anhaltende Konzentration auf unangenehme Eigenschaften und kleine Marotten der anderen sinkt
die Stimmung in der Familie immer mehr ab – wie eine Spi-
rale. Die Gefühle und Energie kühlen immer stärker ab. Diese
giftige Kommunikation, die zum Beziehungs- und Lebens-
qualitäts-Killer wird, muss geändert werden; die Energie muss
auf das gerichtet werden, was wir realisieren möchten.

> Sprechen Sie mit Ihren Kindern und den anderen Familienmitgliedern in einem vertrauensvollen Klima darüber, was Sie sich wünschen und warum es gerade dies ist.

„Weder Rauchen noch falsche Ernährung, Bewegungsmangel oder die Gentechnik beeinflussen unsere Gesundheit so umfassend wie die Liebe."
Dean Ornish

Regeln für den Umgang mit anderen:

- sich nicht nerven lassen
- über die Wünsche, Ziele und eigenen Vorstellungen sprechen
- sich um inneren Frieden bemühen, nicht meckern, sondern Vertrauen und Streicheleinheiten verteilen
- Konflikte vermeiden und lösen
- andere richtig einschätzen und Belastungen vermeiden lernen
- Schuldgefühle und Erpressungen verhindern
- für ein gutes Klima sorgen

Brain-Gym fördert das Miteinander

Körper, Geist und Seele miteinander in Einklang zu bringen fördert das Miteinander in der Familie. Wenn man nicht gut drauf ist und keine Kraft mehr hat, mit den anderen konstruktiv umzugehen, können kinesiologische Übungen helfen, die Energieblockaden aufzulösen und neue Kraft zu entfalten. Mit Hilfe einer frei fließenden Energie in unserem Körper lassen sich gute Beziehungen fördern, aufbauen und pflegen.

Das folgende Brain-Gym-Programm zur Förderung des Miteinanders und zur Pflege guter Beziehungen kann sowohl als Block für eine bestimmte Zeit eingeübt werden oder, wenn bestimmte Defizite vorliegen, auch vor dem Kontakt mit dem Kind oder Partner durchgeführt werden (vgl. Dennison, G. und P. E. / Teplitz, J. V., Brain-Gym fürs Büro, S. 21, 1996). Die einzelnen Fähigkeiten zur Förderung der Beziehungsqualität lassen sich durch folgende Übungen anregen:

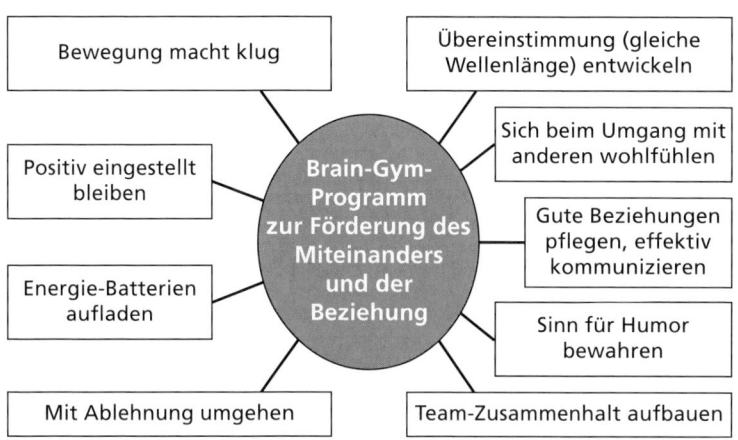

Bewegung macht klug	Übereinstimmung (gleiche Wellenlänge) entwickeln
Positiv eingestellt bleiben	**Brain-Gym-Programm zur Förderung des Miteinanders und der Beziehung**
	Sich beim Umgang mit anderen wohlfühlen
Energie-Batterien aufladen	Gute Beziehungen pflegen, effektiv kommunizieren
	Sinn für Humor bewahren
Mit Ablehnung umgehen	Team-Zusammenhalt aufbauen

Vertrauen vermitteln

Denkmütze (siehe Seite 64 f.), Eule (siehe Seite 64 f.), Überkreuzbewegungen (siehe Seite 32, 47), positive Punkte halten (siehe Seite 46)

Positiv eingestellt bleiben

Positive Punkte halten (siehe Seite 46), Hook-ups (siehe Seite 50), Balancepunkte (siehe Seite 67)

Übereinstimmung, gleiche Wellenlänge entwickeln

Fußpumpe (siehe Seite 34), Energiegähnen (siehe Seite 66), liegende Acht (siehe Seite 32), Wadenpumpe (siehe Seite 33 f.)

Sich im Umgang mit anderen wohlfühlen

Wadenpumpe (siehe Seite 33 f.), Fußpumpe (siehe Seite 34 f.), Energiegähnen (siehe Seite 66)

Gute Beziehungen pflegen, effektiv kommunizieren

Überkreuzbewegungen (siehe Seite 32, 47), Energiegähnen (siehe Seite 66), Wadenpumpe (siehe Seite 33 f.), Fußpumpe (siehe Seite 34 f.)

Sinn für Humor bewahren

Denkmütze (siehe Seite 64 f.), Armaktivierung (siehe Seite 34), Hook-ups (siehe Seite 50)

Team-Zusammenhalt aufbauen

Balancepunkte (siehe Seite 67), Überkreuzbewegung (siehe Seite 32, 47), liegende Acht (siehe Seite 32), Wadenpumpe (siehe Seite 33 f.)

Mit Beschwerden umgehen

Fußpumpe (siehe Seite 34 f.), Energie einatmen (siehe Seite 67), Wadenpumpe (siehe Seite 33 f.)

Mit Ablehnung umgehen

Energiegähnen (siehe Seite 66), positive Punkte halten (siehe Seite 46), Hook-ups (siehe Seite 50), Schwerkraftgleiter (siehe Seite 87)

Die Bewahrung der inneren Balance

Immer schön cool bleiben – das hält das Energieniveau konstant.

Um mit Ablehnung, Widerspruch des Kindes bzw. des Partners umgehen zu können, ist es wichtig, dass wir selbst im Gleichgewicht sind bzw. bleiben. Bei (unerwartetem) Widerspruch oder bei provozierenden Äußerungen, z. B. der Kinder, dürfen wir uns nicht aus der Bahn werfen lassen. Wir sollten die Fähigkeit haben, in aller Ruhe den Widerspruch oder die Provokation anzuhören, damit es nicht zu einer Kommunikationsstörung, auch zwischen unserem bewussten Denken und unserem unbewussten Empfinden, kommt. Nur wer gelassen bleibt, behält die Fähigkeit, seine mentalen Aktivitäten ohne Stress durchzuführen, d. h. offen und ohne Vorurteile mit dem Kind und Partner über den Widerspruch zu sprechen bzw. zu verhandeln.

Hilfreich ist dabei folgende Übung (nach P. E. und G. Dennison, Brain-Gym, S. 56 ff., 1996)

Schwerkraftgleiter

Ziel der Übung:

Übung

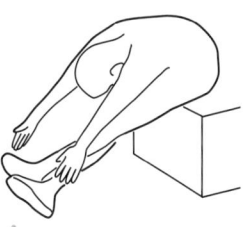

- Die Muskulatur innerhalb des Beckens (die Illiopsoas- oder Lendenmuskeln) hat sich aufgrund von Stress in der Beckengegend oder aufgrund von zu langem Sitzen zu sehr angespannt. Diese soll jetzt entspannt werden; Beweglichkeit, Elastizität und gleichmäßige Blut- und Lymphzirkulation sollen verbessert werden.
- Diese Entspannung und Elastizität sind für das Gleichgewicht, die Balance und Koordination von Körper, Geist und Emotionen wichtig. Auffassungsvermögen und geistige Fitness verbessern sich.

Durchführung:

- Setzen Sie sich auf einen stabilen Stuhl, der nicht verrutscht.
  Legen Sie Ihre Fußgelenke übereinander und halten Sie Ihre Knie leicht gebeugt.
- Atmen Sie jetzt langsam aus. Dabei beugen Sie sich langsam vor, mit dem Kopf nach unten. Strecken Sie dabei die Arme aus und lassen Sie sie parallel zu den Beinen nach vorne gleiten, und zwar so weit, wie es für Sie angenehm ist.
- Atmen Sie jetzt wieder ein und gleiten dabei langsam zurück in die aufrechte Position. Richten Sie zuletzt Ihren Kopf wieder auf.
- Wiederholen Sie die Übung drei bis fünf Atemzüge lang, d. h. drei- bis fünfmal.
- Wechseln Sie dann die Beine und führen Sie die ganze Übungsfolge nochmals drei- bis fünfmal durch.

Die Übung kann auch im Stehen durchgeführt werden.

Eine glückliche Familie

Durch diese Übungen können Sie sich selber im Gleichgewicht halten und stressfrei reagieren. Falls Sie die Übungen mit Ihrem Kind oder Partner gemeinsam machen können, bleiben Sie gemeinsam im Gleichgewicht. Die emotionale Lage stabilisiert sich, die Energie fließt harmonisch und Sie können Konflikte sachlicher besprechen oder gar lösen.

Glück ist eine Sache der Balance. In der Antike – bei Platon, Aristoteles, Seneca – hatte Glück nichts mit einem Gefühl zu tun, sondern mit einer Lebensweise. Glück verstand man dort als Balance zwischen glücklichen und unglücklichen Erfahrungen, als ein offenes, heiteres unvoreingenommenes Leben bzw. Miteinander, welches auch die Widersprüche und Gegensätze des Lebens aushält.

Abschließend und zusammenfassend fünf Regeln für ein glückliches Miteinander im Leben:

Regeln für ein glückliches Miteinander im Leben

- *Sich nicht unterkriegen lassen – Krisen meistern*
  Wir sind stärker als wir glauben. Wer im eigenen Gleichgewicht bleibt, fühlt sich auch nicht mehr bedroht.
- *Sich sozial engagieren – Verständnis für andere haben*
  Helfen Sie anderen und Sie werden sich gut fühlen. Seien Sie offen für andere Vorstellungen, Meinungen und Handlungen.
- *Ein ausgefülltes und erfülltes Leben führen*
  Bleiben Sie ruhig und gelassen, statt hektische Aktivität zu entwickeln.
- *Sich glücklich fühlen und machen*
  Akzeptieren und integrieren Sie Widersprüche.
- *Klare Ziele geben dem Leben Sinn.*
  Glück bedeutet: Ja zum Leben sagen, trotz mancher Zweifel.

Hilfe bei körperlichen Beschwerden

*Kinesiologie bietet die Möglichkeit, durch ge-
zielte Übungen und Massagen bei kleineren
Unpässlichkeiten rasche Abhilfe zu schaffen
und das Immunsystem zu stärken.*

Vorbeugen ist besser als heilen

Die beste Vorbeugung gegen Krankheiten sind Bewegung, eine gesunde Ernährung, harmonische Beziehungen, eine Arbeit, die Freude bereitet, eine saubere Umwelt und fließende Energie in den Akupunkturmeridianen. Dann ist der Mensch im Gleichgewicht. Das Immunsystem ist stark und kann Krankheitserreger abwehren. Doch selbst wenn alle Voraussetzungen stimmen, bekommt jeder gelegentlich mal Kopfschmerzen, Rückenschmerzen oder andere „Wehwehchen" und möchte nicht gleich zur Tablette greifen.

Wir möchten Ihnen in diesem Kapitel einige einfache Übungen und Methoden vorstellen, wie Sie sich und Ihrer Familie bei kleineren Unpässlichkeiten helfen können. Am besten eignen sich dazu die Energie-Massagen der Touch-for-Health-Methode. Noch besser wäre es, diese einfachen Übungen schon zu machen, wenn es Ihnen gut geht. Dann haben Krankheiten erst gar keine Chance.

Die Triade der Gesundheit

Gesundheit basiert auf einem Gleichgewicht biochemischer, psychischer und strukturell-energetischer Abläufe.

Die Kinesiologie ist eine ganzheitliche Methode und betrachtet den Menschen als eine Einheit von Körper, Psyche und Biochemie. Diese drei Ebenen werden als die drei gleich langen Seiten eines Dreiecks gesehen, der „Triade der Gesundheit".

Zur biochemischen Seite gehört die Ernährung, die Verdauung, das Hormon- und Drüsensystem. Störungen in diesem Bereich entstehen durch Allergien, Ernährungsfehler, Vitamin- und Mineralstoffmangel, Pilzbelastung des Darms, Umweltgifte, Medikamente usw. Zur strukturellen Seite gehören der Bewegungsapparat mit Knochen, Gelenken und Muskeln, die Organe, aber auch das Energiesystem der Meridiane. Die psychisch geistige Seite besteht aus unseren Emotionen und unserer geistigen Kapazität.

Wenn wir gesund sind, ist dieses Dreieck in Harmonie. Jeder Stress bedeutet eine Störung der Harmonie und wirkt sich auf alle Seiten des Dreiecks aus. So können Kopfschmerzen z. B. durch Probleme der Halswirbel (Struktur), durch hormonelle Störungen (Biochemie), aber auch durch Wut oder Ärger (Psyche) entstehen. Falsche Ernährung (Biochemie) kann sich sowohl auf der körperlichen Ebene als rheumatische oder allergische Erkrankungen als auch auf der psychisch-geistigen Ebene in Form von Müdigkeit, Konzentrationsstörungen oder sogar Depressionen auswirken.

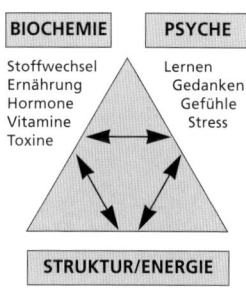

BIOCHEMIE
Stoffwechsel
Ernährung
Hormone
Vitamine
Toxine

PSYCHE
Lernen
Gedanken
Gefühle
Stress

STRUKTUR/ENERGIE
Bewegungsapparat, Organe, Meridiane

> Ziel der Kinesiologie ist es, Stress zu erkennen und aufzulösen und so die Harmonie auf allen Ebenen zu erhalten oder wiederherzustellen. Wir können Krankheitserreger nicht vernichten, aber wir können unser Immunsystem stärken. Wir können auch vielen anderen Stressoren nicht entgehen. Aber wir können lernen, anders damit umzugehen und unsere Einstellung zu ändern.

Welche Faktoren stören den Organismus?

In einer kinesiologischen Praxis wird über den Muskeltest herausgefunden, welche Faktoren den Organismus stören. Dazu werden mindestens 14 Muskeln getestet, die jeweils einem Organ, aber auch einem Meridian zugeordnet sind. Die Muskelreaktion gibt Hinweise, wo körperliche und energetische Blockaden vorhanden sind. Ebenso zeigt die Muskelreaktion, welche Methoden helfen, die Blockaden zu lösen.

Ein Beispiel:

Der Brustmuskel, der zum Magen bzw. zum Magen-Meridian gehört, ist beim Test schwach. Nun berührt der Therapeut oder der Patient eine Reflexzone, die dem Magen zugeordnet ist. Daraufhin wird der Muskel wieder stark. Nun weiß der Therapeut, dass die Massage dieser Zone notwendig ist. Um solche Tests exakt ausführen zu können, ist eine kinesiologische Ausbildung erforderlich.

Die Meridiane

Doch Sie können sich auch ohne Muskeltest helfen. Dazu ist es nötig, die Meridiane und ihre Funktionen zu kennen.

Gesundheit ist der freie Fluss der Energie in allen Meridianen.

Die Lebensenergie benutzt auf ihrem Weg durch den Körper Bahnen, die Meridiane genannt werden. Meridiane sind nach den Organen benannt, die sie energetisch versorgen. Sie stellen die Verbindung zwischen den inneren Organen und der Körperoberfläche dar. Jeder Meridian versorgt außerdem alle Strukturen, die er durchläuft. So versorgt z. B. der Dünndarm-Meridian nicht nur den Dünndarm selbst, sondern auch das Schultergelenk, die Speicheldrüsen und die Ohren mit Energie.

Es gibt auf jeder Körperseite zwölf Meridiane und außerdem je einen Meridian entlang der Mitte der Körpervorderseite und Körperrückseite. Diese beiden Meridiane sind den anderen übergeordnet und werden Gefäße genannt. Jeder Meridian übernimmt die Energie von seinem Vorgänger, es existiert also ein Energie-Kreislauf. Wenn der Fluss in einem Meridian gestört ist, wirkt sich dies auch auf andere Meridiane aus. Auf der Körperoberfläche der Meridiane befinden sich bestimmte Punkte, über die der Energiefluss aktiviert werden kann. In der chinesischen Medizin werden dafür Nadeln benutzt.

Aber auch mit Massage oder durch Drücken dieser Punkte (Akupressur) kann der Energiefluss wiederhergestellt werden.

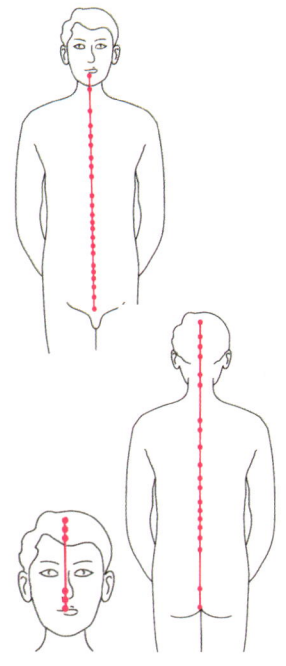

Die vierzehn Meridiane

Das Zentralgefäß

Das Zentralgefäß ist dem Gehirn zugeordnet und bei Lern-problemen, Angst und emotionalem Stress geschwächt.

Das Zentralgefäß beginnt an der Schambeinkante und ver-läuft auf der Körpermitte gerade nach oben bis zur Unterlippe.

Das Gouverneursgefäß

Das Gouverneursgefäß ist allen Körperfunktionen zugeord-net. Dieser Meridian ist bei allen durch die Wirbelsäule be-dingten Problemen schwach. Außerdem ist er an Zucker- und Stoffwechselstörungen beteiligt.

Er verläuft vom Steißbein auf der Wirbelsäule über den Kopf zur Oberlippe.

Der Magen-Meridian

Probleme bei Energiefluss-Störungen dieses Meridians sind: Allergien und Nahrungsmittelunverträglichkeiten, Magen- und Verdauungsprobleme, Aufstoßen, Blähungen, nervöse Spannung und Reizbarkeit, Kiefergelenksprobleme, Asthma und Zahnschmerzen der seitlichen Zähne sowie Schmerzen in der Leiste, Knie- und Fußgelenkprobleme.

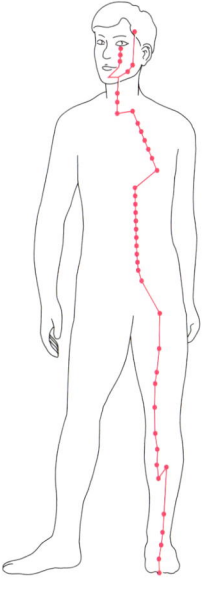

Auch Emotionen wie Ärger, Enttäuschung, mangelnde in-nere Harmonie schwächen den Magen-Meridian und schla-gen auf den Magen.

Der Magen-Meridian beginnt unterhalb der Schläfe, ver-läuft hinunter zum Oberkiefer, führt dann in einem Bogen bis unterhalb des Auges und über den Mundwinkel und den Hals zum Schlüsselbein; dort verläuft er zunächst einige Zenti-meter waagrecht nach außen und dann nach unten. Er macht einen Bogen um die Brust und verläuft eine Hand breit neben der Mittellinie nach unten, über die Leiste zum Oberschen-

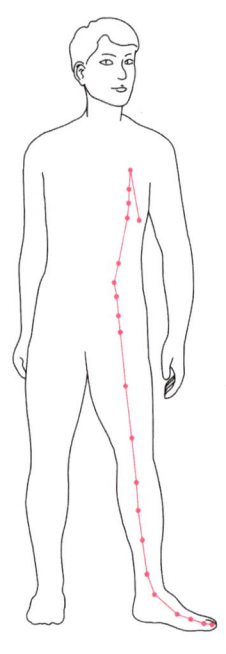

kel. Seitlich der Schenkelmitte führt er vorne über das Knie und das Schienbein, wo er noch einen Zacken nach außen macht, bis zum Nagelfalzwinkel der zweiten Zehe.

Der Milz-Pankreas-Meridian

Probleme bei Energiefluss-Störungen dieses Meridians sind: Allergien, Diabetes und Unterzucker, Blähungen, Durchfall, Appetitmangel, Unruhe, Schlafstörungen, Wirbelsäulen- und Gelenkschmerzen, schwere Beine, Krampfadern, Hämorrhoiden, Bindegewebsschwäche, Schmerzen beim Drehen des Fußes, Probleme beim seitlichen Abgrätschen des Beines.

Auch Kummer, Trauer und mangelnde Anerkennung schwächen den Milz-Pankreas-Meridian.

Er beginnt am inneren Nagelfalzwinkel der großen Zehe, verläuft am inneren Knöchel vorbei und über den inneren Rand des Schienbeins und der Innenseite des Knies zur Leiste, wo er den Magen-Meridian kreuzt, über das Schambein und schräg nach außen zur sechsten Rippe.

Der Herz-Meridian

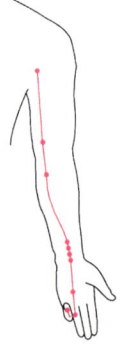

Probleme bei Energiefluss-Störungen dieses Meridians sind: Nervosität und nervöse Erschöpfung, Schwindel, Herz- und Kreislaufprobleme, Zahnfleischbluten, Schulterschmerzen, Schwierigkeiten beim Beugen des Unterarms und der Hand, Lampenfieber, Aufregung.

Mangelnde Liebe, mangelnde Sicherheit und Unfähigkeit zur Vergebung schwächen den Herz-Meridian.

Er beginnt unmittelbar an der Achselfalte, verläuft im Bogen zur Innenseite des Unterarms (hinter dem Oberarmknochen), über die innere Ellbogenfalte (bei abgewinkeltem Arm sichtbar), an der Speiche entlang zum inneren Nagelfalzwinkel des kleinen Fingers.

Der Dünndarm-Meridian

Probleme bei Energiefluss-Störungen dieses Meridians sind: Kopfschmerzen, Ohrenschmerzen, Tinnitus (Ohrenpfeifen), Schmerzen im Oberbauch, Verdauungsprobleme, Durchfall, Tennisellbogen, Schulterschmerzen, Darmpilz und Allergie, Mund-, Zahn- und Augenprobleme, Schwierigkeiten beim Strecken des Arms und beim Drehen des Halses.

Der Dünndarm-Meridian reagiert auf Leid und Traurigkeit, Hass, mangelndes Selbstwertgefühl und Mangel an Freude. Er beginnt am äußeren Nagelfalzwinkel des kleinen Fingers und verläuft an der Außenkante der Hand, an der Außenseite des Arms durch die Rinne am Ellbogen zur Schulter; dort macht er einen Abstecher zum Schulterblatt, schräg nach oben zum Kieferwinkel und Jochbein und endet vor dem Ohrläppchen.

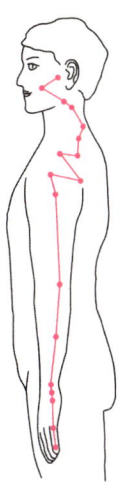

Der Blasen-Meridian

Probleme bei Energiefluss-Störungen dieses Meridians sind: Schwächezustände, Kopfschmerzen, Blasen-, Unterleibs- und Prostata-Probleme, Hexenschuss und Wirbelsäulenbeschwerden, eingeschränkte Bewegung in der Hüfte, Schmerzen beim Beugen des Knies.

Der Blasen-Meridian hat mit innerem Frieden, Selbstorientierung, Ruhelosigkeit, Selbstbewusstsein und Durchhaltevermögen zu tun. Er hat Verbindung zu allen anderen Meridianen. Wenn man ihn aktiviert, aktiviert man das gesamte Energiesystem. Er beginnt am inneren Rand der Augenbraue, verläuft zwei Finger breit neben der Mittellinie über den Kopf und entlang der Halswirbelsäule. Am siebten Halswirbel teilt er sich in einen inneren und einen äußeren Ast. Der innere Ast läuft weiter neben der Wirbelsäule gerade nach unten, über das Sitzbein und an der Bein-Rückseite nach außen zur Kniekehle, dann zur Mitte der Kniekehle, wieder nach unten zur Wade; dort macht er einen Abstecher nach außen, ver-

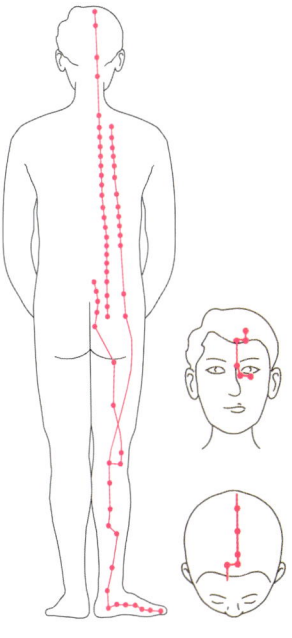

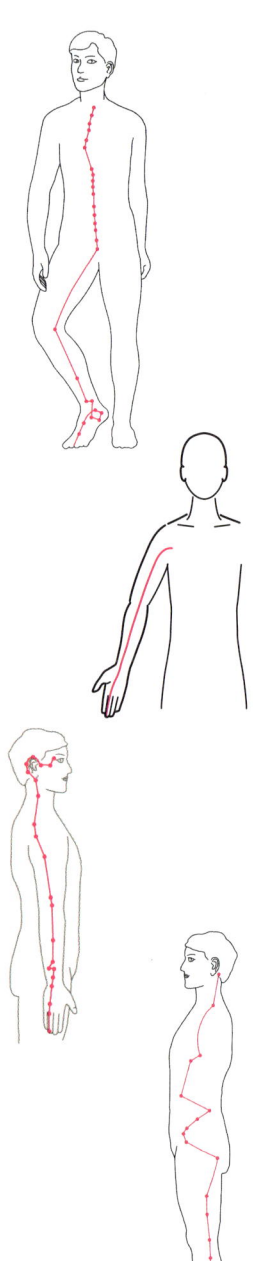

läuft dann über den äußeren Knöchel und endet am äußeren Nagelfalzwinkel der kleinen Zehe.

Der Nieren-Meridian

Der Nieren-Meridian ist mitbeteiligt bei Niereninfektionen, bei sexuellen Problemen, Haut-, Herz- und Nervenproblemen sowie Schlafstörungen.

Angst, Furcht, Treue, sexuelle Unsicherheit sind die Emotionen des Nieren-Meridians.

Der Kreislauf-Sexusmeridian

Der Kreislauf-Meridian hat mit Herz- und Kreislaufproblemen, Blutdruck, mit Menstruationsproblemen, Brustschmerzen, Ermüdbarkeit, Konzentrations- und Gedächtnisschwäche zu tun.

Die Emotionen des Kreislauf-Meridians sind Eifersucht, Reue, Vergebung.

Der Dreifach-Erwärmer-Meridian

Der Dreifach-Erwärmer steht in Zusammenhang mit Drüsen- und Hormonstörungen, Wetterfühligkeit, Ohrensausen, Infektanfälligkeit, Erschöpfung. Neben dem Dünndarm-Meridian ist er beteiligt an Tennisellbogen und Schulterproblemen.

Inneres Gleichgewicht, Leichtigkeit und als Gegensatz Depressionen stehen in Zusammenhang mit dem Dreifach-Erwärmer.

Der Gallenblasen-Meridian

Der Gallenblasen-Meridian hat mit der Funktion der Gallenblase und den Verdauungsdrüsen zu tun. Außerdem ist er häufig bei Blutarmut und bei Kopfschmerzen, die von falscher Ernährung, Allergien oder Toxinen herrühren, beteiligt.

Zorn, Entscheidungskraft, Zielstrebigkeit sowie Ziellosigkeit führen zur Schwächung des Gallenblasen-Meridians.

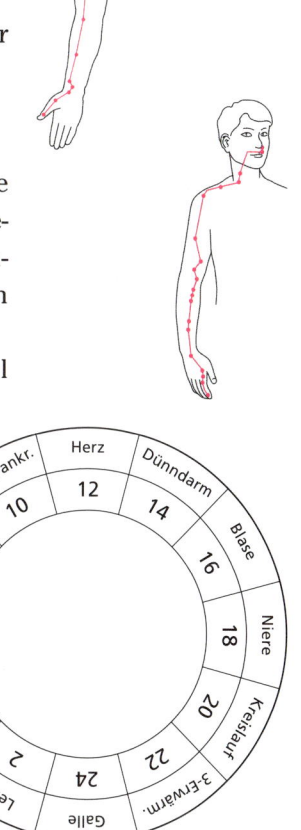

Der Leber-Meridian

Der Leber-Meridian ist für die Leber- und Stoffwechselfunktionen zuständig. Er ist oft an Allergien, Abwehrschwäche, Verdauungsstörungen, aber auch an Sehstörungen beteiligt.

Die Emotionen des Leber-Meridians sind Ärger, Wut sowie Unglücklich-Sein.

Der Lungen-Meridian

Der Lungen-Meridian versorgt die Lungen und die oberen Luftwege. Er ist an grippalen Infekten, Asthma und an Schmerzen in Arm und Schulter beteiligt.

Dem Lungen-Meridian sind die Emotionen Trauer, Kummer und Intoleranz zugeordnet.

Der Dickdarm-Meridian

Der Dickdarm-Meridian versorgt den Dickdarm und ist für die Ausscheidung von Schlacken sowie die Schleimhäute der oberen Luftwege zuständig. Er ist bei Darmstörungen wie Durchfall und Verstopfung, Kopfschmerzen, Mandelentzündungen und Erkältungskrankheiten beteiligt.

Loslassen-Können, Schuldgefühle und Selbstwertgefühl gehören zum Dickdarm-Meridian.

Die Meridian-Uhr

Mit Hilfe der Meridian-Uhr kann jeder seine Energien aktivieren.

Die Energie fließt im Uhrzeigersinn durch die zwölf Haupt-Meridiane, wobei der Energiedurchlauf pro Meridian zwei Stunden dauert. Während dieser zwei Stunden ist der entsprechende Meridian also besonders aktiv und kann am besten beeinflusst werden. Sein Gegenüber hat um diese Zeit wenig Energie.

97

Wie aktiviere ich die Meridian-Energien?

Durch jahrtausendelange Erfahrung wissen chinesische Ärzte anhand der Symptome und Beschwerden oder über die so genannte Pulsdiagnose genau, wo zu viel oder zu wenig Energie fließt. Doch auch wenn Sie keine Pulsdiagnose vornehmen können und auch den Muskeltest nicht beherrschen, können Sie gezielt die Meridian-Energien aktivieren, indem Sie sich an der Meridian-Uhr oder an den Symptomen orientieren. Auch wenn Sie dann vielleicht ein oder zwei Meridiane zuviel behandeln, bringt das keinen Schaden.

Die Vorgehensweise:

- Suchen Sie auf der Meridian-Uhr den Meridian, der gerade seine Maximal-Zeit hat. Drücken Sie die dazu gehörenden Akupressurpunkte.
- Suchen Sie anhand der Meridian-Beschreibung den Meridian oder die Meridiane, die mit Ihrem Problem zu tun haben könnten und behandeln Sie die dazugehörenden
- Akupressurpunkte,
- die neurolymphatischen und die
- neurovaskulären Punkte oder
- bürsten Sie den Meridian (siehe Seite 100).

Einige Beispiele:

- Angenommen, Ihr Kind neigt zu Unterzucker und fällt jeden Vormittag in ein „Tief“. Korrigieren Sie die Meridiane, die mit dem Zuckerstoffwechsel zu tun haben, also den Milz-Pankreas-Meridian und das Gouverneursgefäß.
- Wenn Sie unter Verstopfung leiden und nach dem Essen Blähungen oder Sodbrennen haben, korrigieren Sie die Meridiane, die mit dem Verdauungstrakt zu tun haben und nehmen den Meridian, der gerade aktiv ist, mit dazu.
- Wenn Sie Schlafprobleme haben und nachts immer um dieselbe Zeit aufwachen, schauen Sie auf der Meridian-Uhr

nach, welcher Meridian um diese Zeit seine Maximal- und welcher seine Minimal-Energie hat. Behandeln Sie beide gegenüberliegenden Meridiane.

Die Reflexzonen

Unter Reflexzonen versteht man Zonen am Körper, denen bestimmte Organe zugeordnet sind. Die bekanntesten sind die Fußreflexzonen.

Durch Massage dieser Zonen können die zugehörigen inneren Organe und Körperteile reflektorisch beeinflusst werden.

Es gibt drei Grundtechniken des Touch for Health, die sozusagen das Einmaleins der Kinesiologie darstellen.

Die neurolymphatischen Punkte

Die Massage dieser Reflexzonen verbessert den Lymphabfluss des entsprechenden Organs. Sie befinden sich am Brustkorb.

Bei Verstopfung sind vor allem die Reflexzonen für den Dickdarm, die an der Außenseite der Oberschenkel liegen, sehr hilfreich. Bei allen Problemen mit der Verdauung, bei allen Stoffwechselproblemen, wie Störungen im Zuckerstoffwechsel, und bei Allergien massieren Sie die Zonen für Magen, Darm, Leber und Gallenblase. Diese Punkte werden kräftig massiert. Manchmal sind diese Zonen schmerzhaft. In diesem Fall wird die Massage sanfter durchgeführt. Nach einigen Tagen kann der Druck verstärkt werden.

Die neurolymphatischen Reflexzonen
Lage der Reflexzonen
- Zentral-Meridian: Außenseite des Brustkorbes (1)
- Gouverneurs-Meridian: Mitte des Rippenbogens, zwischen der 2. und 3. Rippe (2)

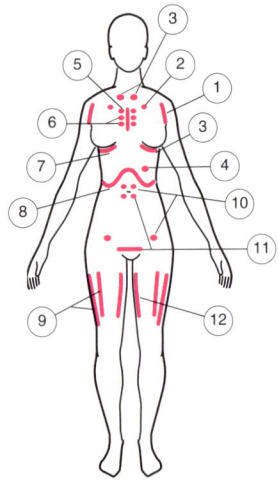

- Magen-Meridian: zwischen der 5. und 6. Rippe (nur links) und unter dem Schlüsselbein (3)
- Milz-Pankreas-Meridian: Mitte des Rippenbogens zwischen der 7. und 8. Rippe (nur links) (4)
- Herz-Meridian und Dreifach-Erwärmer: zwischen der 1. und 2. Rippe neben dem Brustbein (5)
- Gallenblasen- und Lungen-Meridian: zwischen der 3. und 4. und der 4. und 5. Rippe und auf dem Brustbein (6)
- Leber-Meridian: zwischen der 5. und 6. Rippe (nur rechts) (7)
- Dünndarm-Meridian: entlang des unteren Rippenrandes (8)
- Kreislauf- Meridian: an der oberen Schambeinkante sowie rechts und links (etwas unterhalb) des Bauchnabels (9)
- Nierenmeridian: rechts und links (etwas oberhalb) des Bauchnabels (10)
- Blasenmeridian: zwischen Schambein und Nabel (11)
- Dickdarm-Meridian: Außenseite und Innenseite des Oberschenkels (12)

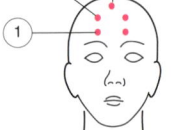

Die neurovaskulären Punkte

Diese Punkte verbessern die Blutzufuhr zu den entsprechenden Organen. Sie befinden sich am Kopf und werden ca. 30 Sekunden lang leicht mit den Fingerspitzen berührt, bis ein feiner Puls oder Wärme spürbar wird.

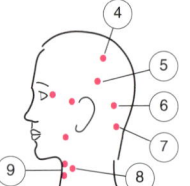

1 Magen- und Blasen-Meridian
2 Leber-Meridian
3 Lungen-, Herz- und Gallenblasen-Meridian
4 Dünndarm-, Dickdarm- und Kreislauf-Meridian
5 Milz-Pankreas-Meridian

6 Kreislauf-Meridian
7 Nieren-Meridian
8 Magen-Meridian
9 Dreifacher Erwärmer
10 Dreifacher Erwärmer
11 Nieren-Meridian

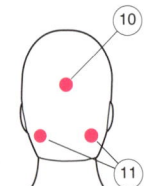

Die Akupunkturpunkte

Für jeden Meridian werden zwei Punkte behandelt, die mit den Energiekreisläufen der chinesischen Elemente-Lehre in Verbindung stehen. Die fünf Elemente Feuer, Erde, Metall, Wasser und Holz bilden ein System, das körperliche, emotionale und energetische Aspekte enthält. Die Elemente spiegeln die Wandlungsphasen des Lebens und die Vorgänge im Körper wieder.

Wenn der Energie-fluss zwischen allen Elementen in Harmonie ist, sind wir gesund.

Die Akupunkturpunkte werden entweder mit dem Daumen oder mit übereinandergelegtem Zeige- und Mittelfinger leicht gedrückt und gleichzeitig stimuliert. Manchmal können diese Punkte schmerzhaft sein. In diesem Fall wird der Druck vermindert, aber solange gehalten, bis sich der Schmerz auflöst.

Touch for Health bietet Stärkungspunkte, die bei Energiemangel, und Beruhigungspunkte, die bei Überenergie verwendet werden. Zum Feststellen von Über- oder Unterenergie sind jedoch zusätzliche Tests erforderlich, die den Rahmen dieses Buches sprengen würden. Für einfache Energie-Balancen reichen meist die Stärkungspunkte aus.

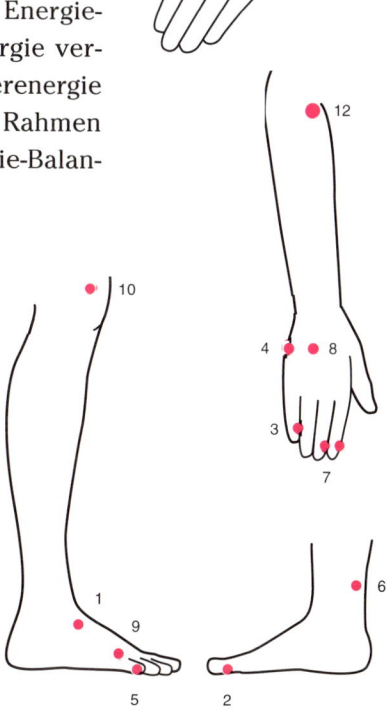

Die Stärkungspunkte:

1. Magen-Meridian: Ma 41
2. Milz-Pankreas-Meridian: Mp 1
3. Herz-Meridian: He 9
4. Dünndarm-Meridian: Dü 3
5. Blasen-Meridian: Bl 67
6. Nieren-Meridian: Ni 7
7. Kreislauf-Meridian: KS 9
8. Dreifach-Erwärmer: 3E 3
9. Gallenblasen-Meridian: Ga 43
10. Leber-Meridian: Le 8
11. Lungen-Meridian: Lu 9
12. Dickdarm-Meridian: Di 11

Achtung!
Touch for Health ist weder Diagnose noch Therapie, sondern eine Möglichkeit für Laien, Energieblockaden festzustellen und aufzulösen.

Gehen Sie bei chronischen oder akuten Beschwerden unbedingt zum Arzt. Ein kinesiologisch arbeitender Arzt oder Therapeut verwendet genauere Tests und hat differenzierte Möglichkeiten zur Therapie-Lokalisation. Unterstützend können Sie natürlich die Touch-for-Health-Methoden anwenden.

Erste Hilfe bei Schmerzen

Durch Akupressur lassen sich viele Schmerzen erstaunlich schnell lindern.

Schmerz ist der Schrei des Gewebes nach fließender Energie. In vielen Fällen kann man durch die folgende kleine Akupressurmethode erstaunlich schnell Schmerzen beseitigen.

Muskelschmerzen und Schmerzen des Bewegungsapparats
Wenn jemand in Ihrer Familie über Muskelschmerzen oder Schmerzen des Bewegungsapparats klagt, versuchen Sie, dem betroffenen Bereich Energie zuzuführen.

1. Finden Sie die schmerzende Stelle und legen Sie Ihren Daumen oder zwei übereinandergelegte Finger auf die betreffende Stelle. Üben Sie einen leichten Druck aus und verbleiben Sie ca. eine Minute in dieser Position. Konzentrieren Sie sich auf diesen Punkt. Wenn der Punkt schmerzhaft ist, warten Sie, bis sich der Schmerz löst. Beim Tennisellbogen tasten Sie z. B. vorsichtig den ganzen Ellbogen ab, bis die am stärksten schmerzenden Stellen gefunden sind. Gehen Sie so von einem Punkt zum anderen. Die Methode unterstützt und beschleunigt sehr gut eine ärztliche Behandlung.

2. Suchen Sie zusätzlich auf der Meridian-Karte den Meridian, der in der Nähe der schmerzenden Stelle verläuft und massieren Sie die zugehörenden neurolymphatischen Punkte.

Kopfschmerzen

Kopfschmerzen können viele Ursachen haben. Häufigste Ursache sind Verspannungen in der Halswirbelsäule. Aber auch Überanstrengung, Augenprobleme, Allergien, hormonelle Störungen, Blutdruckschwankungen oder Nieren- oder Leber-Funktionsstörungen können eine Rolle spielen. Lassen Sie die Ursache von Ihrem Arzt abklären.

Was Sie selbst tun können:

- Schauen Sie auf der Meridian-Uhr nach, welcher Meridian zu Beginn der Kopfschmerzen aktiv ist, und massieren Sie die neurolymphatischen und neurovaskulären Punkte und die Akupressurpunkte dieses Meridians. Eine verspannte Schulter- und Nackenmuskulatur schränkt die Beweglichkeit ein und blockiert die Blutzirkulation und Energiezufuhr zum Gehirn.

- Massieren Sie den Augenhöhlenrand mit kleinen kreisenden Bewegungen. Wenn dabei schmerzende Stellen auftauchen, drücken Sie diese mit sanftem Druck, bis sich der Schmerz auflöst. Diese kleine Akupressur stammt aus dem Augenübungsprogramm von Dr. Janet Goodrich und hilft vor allem bei Stirn- und Schläfen-Kopfschmerzen.

- Palmieren (siehe Seite 79): Auch diese Übung stammt aus dem Augenübungsprogramm und wirkt entspannend auf die Augen und durchblutungsfördernd im vorderen Kopfbereich. Die Übung ist besonders gut geeignet, wenn Sie viel am Bildschirm arbeiten müssen.

- Machen Sie die Eule (siehe Seite 34) bei Spannungskopfschmerz, der vom Nacken kommt.

Rückenschmerzen

Schmerz ist ein Alarmsignal des Körpers. Er will uns sagen, dass etwas nicht in Ordnung ist. Lassen Sie unklare Schmerzzustände unbedingt vom Arzt abklären.

Rückenschmerzen sind schon fast eine Volkskrankheit. Auch Kinder klagen schon über Verspannungen. Die beste Vorbeugung besteht in gesunder Ernährung, viel Bewegung, Rücken- und Bauchgymnastik. Bei Kindern sollten Sie darauf achten, dass die schwere Schultasche auf dem Rücken und nicht mit der Hand getragen wird.

Viele Rückenschmerzen rühren von einem Beckenschiefstand her. Das bedeutet, dass ein Bein länger erscheint und auf das kürzere Bein eine größere Belastung kommt. Dies führt wiederum zu Verspannungen im Rücken, im Schulterbereich und schließlich in der Halswirbelsäule.

Computerarbeit und ähnliche Tätigkeiten führen zu Spannungen und Schmerzen in der Hals- und Schulter-Muskulatur. Eine verspannte Schulter- und Nackenmuskulatur schränkt die Beweglichkeit ein und blockiert die Blutzirkulation und Energiezufuhr zum Gehirn.

Gönnen Sie sich kleine Pausen zwischendurch und nützen Sie sie dazu, etwas für Ihre Muskeln zu tun.
Kinesiologische Übungen für die Schultermuskulatur:
- die Eule (siehe Seite 34
- der Schwerkraftgleiter (siehe Seite 87))
Zur Entspannung der Rückenmuskeln:
- Spindelzell-Technik (siehe Seite 114)

Verstopfung

Bevor Sie zu Abführmitteln greifen, probieren Sie die Massage der neurolymphatischen Reflexzonen für den Dickdarm aus. Die Zonen befinden sich an der Außen- und Innenseite der Oberschenkel. Massieren Sie sie kräftig.

Der Akupunkturpunkt Dickdarm 4 wirkt ebenfalls anregend auf die Verdauung. Sie finden den Punkt folgendermaßen: Die Finger sind gestreckt, der Daumen wird an den Zeigefinger gelegt. Dabei entsteht eine Aufwölbung. Drücken Sie mit dem Daumen der anderen Hand kräftig auf den höchsten Punkt. Der Daumen kann jetzt wieder abgespreizt werden.

Was tun bei Allergien?

Schauen wir uns noch einmal die Triade der Gesundheit (siehe Seite 91) an und betrachten die biochemische Seite etwas genauer.

Zu den häufigsten Störungen auf der biochemischen Seite des Dreiecks gehören neben Übersäuerung und Pilzinfektionen die Allergien.

Durch ihren ganzheitlichen Ansatz wirkt die Kinesiologie bei Allergien sehr erfolgreich.

Wie äußert sich eine Allergie?

Leider ist eine Allergie nicht immer auf den ersten Blick zu erkennen. Wer Erdbeeren isst und darauf mit einem Ausschlag reagiert, weiß, dass er auf Erdbeeren allergisch ist und kann sie aus seinem Speisezettel streichen. Viele Allergien sind aber versteckt, d. h. es sind so genannte maskierte Allergien. Diese Form der Allergie zeigt beim Haut- und Blut-Test keine Reaktion, d. h. es erfolgt keine Histamin- und Antikörperbildung. Man spricht in diesen Fällen auch von Unverträglichkeiten. Die Auswirkungen können aber ebenso gravierend sein wie bei einer echten Allergie. Sie können sich als Magen-Darm-Probleme, Herz-Kreislaufbeschwerden, zu hohem oder zu niedrigem Blutdruck, Depressionen oder Hyperaktivität oder sogar als Bettnässen äußern.

Interessanterweise verlangt man oft besonders nach den Dingen, gegen die man allergisch ist. Dies kann man am Beispiel Milch sehr häufig beobachten. Eine Milchallergie zeigt sich oft sehr früh durch Milchschorf oder Blähungen. Diesen Symptomen wird jedoch meist keine große Beachtung geschenkt oder sie werden durch Medikamente zunächst beseitigt. Das Kind bekommt weiter Milch und dem Körper bleibt nichts anderes übrig, als sich anzupassen. Die Symptome verschwinden. Mehr noch, die Anpassung geht so weit, dass man eine regelrechte „Sucht" nach dem Allergen, in diesem Falle die Milch, entwickelt. Wenn nun aber andere Stressfaktoren hinzukommen, lässt die Anpassungsphase nach und der Körper reagiert mit Symptomen, die mit der auslösenden Milch nicht mehr in Verbindung gebracht werden. In dieser Situation wird das Immunsystem auch mit anderen Substanzen nicht mehr fertig.

Einige typische Erscheinungsformen maskierter Allergien
Bei Erwachsenen:
- Niesen, laufende oder verstopfte Nase
- Asthma
- Kopfschmerzen, Migräne
- Verdauungsprobleme
- Hautprobleme, Neurodermitis
- Blutdruckschwankungen
- Herzrhythmusstörungen
- psychische Probleme wie Depressionen oder Angstzustände
- Müdigkeitssyndrom

Bei Kindern zusätzlich:
- plötzlich gerötetes Gesicht
- plötzlich gerötete Ohren
- ständig wiederkehrende Mittelohrentzündungen
- ständig wiederkehrende Halsentzündungen
- Krupp-Husten
- Bettnässen
- Polypen
- Hyper- oder Hypoaktivität

- Ticks (Grimassen, Kopfschütteln u. Ä.)
- Schreibprobleme (z. B. spiegelbildliches Schreiben)
- plötzliche Stimmungsschwankungen (Aggressivität)

Die Allergie-Balance

Mit Hilfe der kinesiologischen Allergie-Balance werden die Energien wieder zum Fließen gebracht, emotionale Blockaden aus Gegenwart und Vergangenheit gelöst und damit die Selbstheilungskräfte und das Immunsystem wieder gestärkt. Zusätzlich werden Nahrungsmittel und andere Substanzen ausgetestet. Außerdem kann durch die Austestung von Substanzen die Art der Allergie oder Pilzinfektion festgestellt und gegebenenfalls das geeignete Medikament ermittelt werden. Weitere Nahrungsmittel, auf die häufig überempfindlich oder allergisch reagiert wird, sind neben Milch und Tomaten auch Weizen, Äpfel, Eier, Fisch, Zitrusfrüchte, Sellerie, Nüsse, Schokolade. Grundsätzlich kann jedoch jedes Nahrungsmittel schlecht vertragen werden.

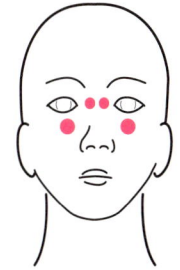

Die Massage der Allergie-Punkte

Mit Hilfe der Akupressur kann die Empfindlichkeit des Körpers gegen allergieauslösende Stoffe erheblich herabgesetzt werden. Die Punkte (siehe Seite 109) werden massiert, während Sie das Nahrungsmittel, auf das Sie allergisch reagieren, im Mund behalten oder auf den Bauch legen.

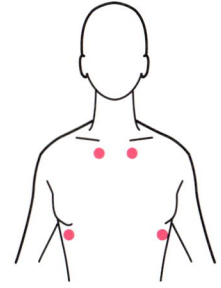

Fallbeispiele

Sabine ist sieben Jahre alt. Schon als Säugling litt sie unter starken Koliken; auch heute noch leidet sie unter immer wiederkehrendem Durchfall. Ihr größtes Problem aber war ein hartnäckiges allergisches Asthma. Das Inhalationsgerät musste stets in greifbarer Nähe sein.

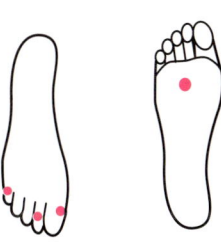

Durch den Verzicht auf Milch verbesserte sich ihr Zustand innerhalb einiger Wochen so sehr, dass sie nicht mehr inhalieren musste. Als nach einem kompletten Test aller Nahrungsmittel auch alle anderen unverträglichen Speisen gestrichen wurden, konnte die Krankheit zum Stillstand gebracht werden.

Eine Allergie kann auch Auslöser von Schwindel und Angst sein.

Herr R. litt unter ständig wiederkehrenden Angst- und Panikattacken. Schwindel, vor allem beim Gehen, hinderte ihn sogar daran, das Haus zu verlassen. Er hatte Angst vor dem Schwindel und schließlich Angst vor der Angst. Die Ergebnisse der Muskeltests deuteten auf eine Allergie hin. Auf die Frage nach seinen Ernährungsgewohnheiten gab er an, sich sehr vernünftig zu ernähren, seine einzige „Sucht" seien Eier. Unbewusst nahm er täglich Eier in jeder Form zu sich, als Frühstücksei, in Kuchen, Gebäck oder Omeletts.

Nach einer Karenz von drei Wochen ging es ihm so gut, dass er meinte, wieder seine geliebten Eier essen zu können. Sein Körper hatte sich aber von dem Allergen noch nicht erholt und Herr R. bekam einen sehr schlimmen Anfall. Nach weiteren acht Wochen Karenz waren der Schwindel und die Angst vergangen und er kann jetzt auch wieder Eier in Maßen zu sich nehmen.

Was kann man für die Allergiker in der Familie tun?
- Nahrungsmittel-Test
  Lassen Sie die Nahrungsmittel testen, die täglich auf Ihrem Speisezettel stehen oder nach denen Sie ein besonderes Verlangen haben. Wenn Sie Heißhunger auf Süßes haben, lassen Sie bei Ihrem Arzt eine Stuhluntersuchung oder bei Ihrem Therapeuten einen kinesiologischen Test auf Darmpilze machen und sich gegebenenfalls behandeln.
- Meiden der allergieauslösenden Nahrungsmittel
  Die ursächlichen Nahrungsmittel sollten mindestens sechs Wochen lang nicht gegessen werden.

- Rotationsdiät
Achten Sie nach der Karenz darauf, dass kein Nahrungs-
mittel öfter als dreimal in der Woche gegessen wird.
- Allergie-Punkte massieren
- Massage der neurolymphatischen Reflexzonen von Magen,
Dünndarm, Dickdarm, Bauchspeicheldrüse, Galle und Le-
ber
- Ohren-Massage
Massieren Sie die Ohren. Vor allem im oberen Teil des Obe-
finden sich wichtige Ohr-Akupressurpunkte, die bei Aller-
gien wirken.
- Emotionaler Stressabbau
Welcher emotionale Stress könnte vorhanden sein? Gibt es
etwas, das Mutter, Vater oder Kind belastet? Gibt es Stress
in der Schule oder im Beruf? Lösen Sie emotionalen Stress
durch Halten der positiven Punkte oder suchen Sie einen
Kinesiologen auf.

Durch konsequente Maßnahmen lässt sich eine Nahrungs-mittelallergie oft heilen.

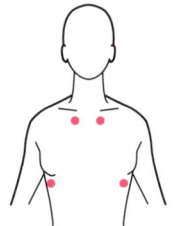 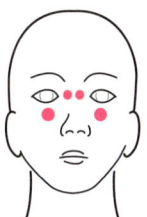 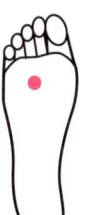 

Welche anderen Allergene gibt es?

Ein Allergiker kann nicht nur auf Nahrungsmittel, sondern
auch auf Hausstaub, Pollen, Tierhaare oder Kosmetik allergisch reagieren. Was kann man hier tun?

Auch hier gilt es, das Immunsystem zu stärken und im-
munschwächende Faktoren abzubauen. Den Pollen, dem Staub
können wir nicht entgehen, doch man kann den Körper zu-
mindest von unverträglichen Nahrungsmitteln entlasten.

Wenn Sie zusätzlich die Massage- und Akupressurpunkte behandeln und Stress abbauen, werden auch die Reaktionen auf andere Allergene allmählich abklingen.

Ist ein Allergie-Selbsttest sinnvoll?

Diese Frage wird immer wieder gestellt. In vielen Büchern werden verschiedene Varianten von Selbsttests vorgestellt. An manchen Instituten wird ein Finger-Selbsttest gelehrt. Doch die Gefahr, dass man beim Selbsttest „mogelt", ist groß. Und auch die Beeinflussung durch eigene, unbewusste Erwartungen kann dabei das Ergebnis stark beeinflussen. Wenn Sie z. B. testen möchten, ob Sie Schokolade vertragen, tief im Inneren aber auf Schokolade gar nicht verzichten möchten, wird Ihr Muskel in diesem Fall stark bleiben, obwohl Schokolade nicht gut für Ihren Körper ist.

Die Körper-Chemie muss stimmen

Betrachten wir abschließend die biochemische Seite der Triade der Gesundheit. Viele Beschwerden, körperliche und psychische Krankheiten, Allergien, aber auch Lern- und Konzentrationsstörungen können durch einen Mangel an Vitaminen, Mineralstoffen, Spurenelementen oder Aminosäuren verursacht werden.

Weitere Faktoren der biochemischen Seite des Dreiecks können Unterzucker, Übersäuerung oder hormonelle Störungen sein.

Ein kinesiologisch ausgebildeter Therapeut oder Arzt kann mit dem Muskeltest genau herausfinden, was dem Körper fehlt.

Erst wenn die psychischen, körperlichen und biochemischen Ursachen einer Störung berücksichtigt werden, kann man von einer ganzheitlichen Behandlung sprechen.

Eine sportliche Familie

Sport macht Spaß und hält gesund. Durch gemeinsame Aktivitäten werden der Familienzusammenhalt gefördert und die Leistungsfähigkeit gesteigert. Wer dabei einige kinesiologische Grundsätze beachtet, profitiert vom Sport in besonderer Weise.

Training ist nicht alles

Auch beim Sport kommt es auf mentale Prozesse an.

Der kleine Thomas kommt wütend nach Hause und schleudert seine Sporttasche in die Ecke. Er hat wieder gegen seinen Lieblingsgegner im Tischtennis verloren, obwohl er fleißig trainiert hat. Und wie immer hat sein Gegner seine „Schwachstelle", die Rückhand, ausgenutzt. Was soll er denn machen?

Auch beim Sport gilt es den ganzheitlichen Aspekt der Kinesiologie zu berücksichtigen. Alle Seiten der Triade der Gesundheit sind wichtig. Ernährung, Trinken, emotionale Einstellung, Energiebalance und Hirnintegration sind ebenso von Bedeutung wie das körperliche Training. Wir können die Leistungsfähigkeit des Menschen auch mit einem Kraftfahrzeug vergleichen:

- Das Fahrzeuggestell ist die Struktur = Muskulatur und Gelenke
- Es fährt nicht ohne Benzin = Chemie (Ernährung, Vitalstoffe, Wasser)
- Es fährt nicht ohne den Fahrer = Geist (Integration der beiden Hirnhälften, positive emotionale Einstellung)

Muskeln entspannen und stärken

Einfaches Muskeldehnen

Dehnen oder strecken Sie die Muskeln, die bei Ihrer Sportart eingesetzt werden, bis kurz vor den Schmerzpunkt. Dann atmen Sie ein und erweitern die Bewegung beim Ausatmen. Die Bewegung darf aber nicht weh tun.

Durch verschiedene Übungen lässt sich die Beweglichkeit verbessern.

Ein Beispiel:
Sie haben beim Tennis Probleme, den Arm nach hinten zu strecken, um für den Vorhand-Schlag auszuholen. Jetzt bringen Sie den Arm so weit zurück, wie es ohne Probleme geht. Beim Ausatmen führen Sie den Arm einige Zentimeter weiter zurück.

Wiederholen Sie die Dehnungen einige Male. So wird sich der Bewegungsradius nach und nach vergrößern.

Massage von Ansatz und Ursprung

Der Ansatz des Muskels beginnt an dem Knochen, der bewegt wird. Der Ursprung beginnt an einem Knochen, der nicht bewegt wird.

Bei ständiger Muskelbewegung können sich Ansatz und Ursprung vom Knochen lösen. Durch ein festes Andrücken der beiden Muskelenden an die Knochen wird der Muskel wieder stabilisiert.

Diese Technik ist sehr einfach, wenn man weiß, wo sich die beiden Muskelenden befinden. Besorgen Sie sich ein einfaches Anatomiebuch oder eines der im Anhang angeführten Bücher.

Spindelzell-Technik

Als Spindelzellen bezeichnet man Nervenrezeptoren im Muskel, die dem Gehirn ständig die Spannung eines Muskels melden.

Mit der so genannten Spindelzell-Technik werden diese Zellen stimuliert und der Muskel entweder zum Anspannen oder zum Loslassen angeregt.

Diese Nervenzellen verlaufen längs der Muskelfasern.

Stärken eines Muskels

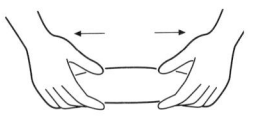

Um einen zu weichen Muskel zu stärken, wird der Muskelbauch sanft in Richtung Ansatz und Ursprung auseinander gezogen. Der Muskel erhält über die Spindelzellen das Signal, sich zu verkürzen.

Entspannen eines Muskels

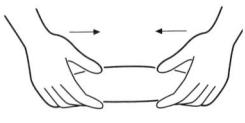

Ein verkrampfter Muskel kann beruhigt werden, indem der Muskelbauch zusammengedrückt wird.

Bewegung und Muskeln

Muskeln indirekt aktivieren

Die Muskulatur sollte gezielt und konstant aufgebaut und beansprucht werden.

Über die neurolymphatischen und neurovaskulären Reflexzonen (siehe Seite 100) kann ein Muskel indirekt aktiviert und mit Energie versorgt werden. Beide Reflexzonen haben nicht nur einen Bezug zu Meridianen, sondern auch zu bestimmten Muskeln. Besonders die neurolymphatischen Punkte sind für Sportler, egal ob Freizeit- oder Leistungssportler, wichtig.

Optimale Bewegung wirkt wie eine Lymphpumpe und fördert den Lymphabfluss aus dem Zwischenzellgewebe. Bei zu starker körperlicher Beanspruchung fallen vermehrt Schlacken, Abbaustoffe und Milchsäure an. Die Lymphe wird eingedickt.

Die neurolymphatischen Punkte sind Schalter am Körper, die den Lymphfluss aktivieren und eine Ablagerung der Stoffe im Zwischenzellgewebe verhindern. Die Massage der Punkte wirkt strukturell und biochemisch.

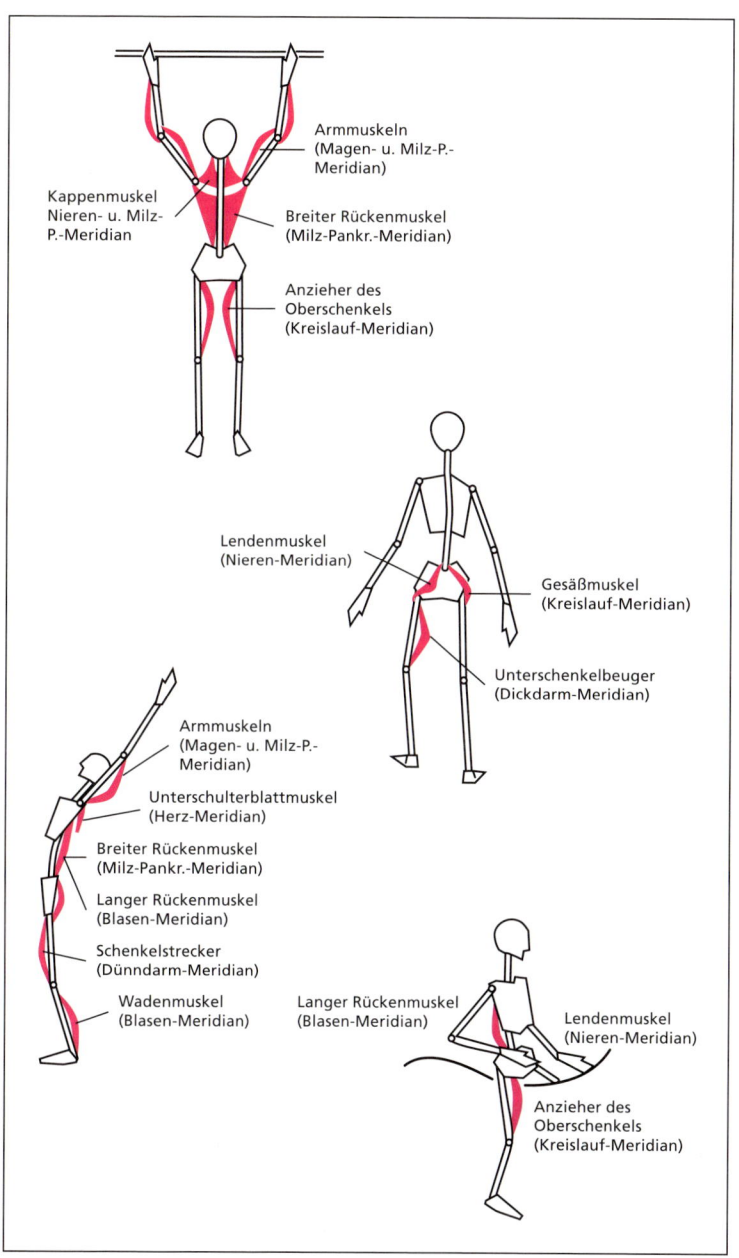

Armmuskeln
(Magen- u. Milz-P.-
Meridian)

Kappenmuskel
Nieren- u. Milz-
P.-Meridian

Breiter Rückenmuskel
(Milz-Pankr.-Meridian)

Anzieher des
Oberschenkels
(Kreislauf-Meridian)

Lendenmuskel
(Nieren-Meridian)

Gesäßmuskel
(Kreislauf-Meridian)

Unterschenkelbeuger
(Dickdarm-Meridian)

Armmuskeln
(Magen- u. Milz-P.-
Meridian)

Unterschulterblattmuskel
(Herz-Meridian)

Breiter Rückenmuskel
(Milz-Pankr.-Meridian)

Langer Rückenmuskel
(Blasen-Meridian)

Schenkelstrecker
(Dünndarm-Meridian)

Wadenmuskel
(Blasen-Meridian)

Langer Rückenmuskel
(Blasen-Meridian)

Lendenmuskel
(Nieren-Meridian)

Anzieher des
Oberschenkels
(Kreislauf-Meridian)

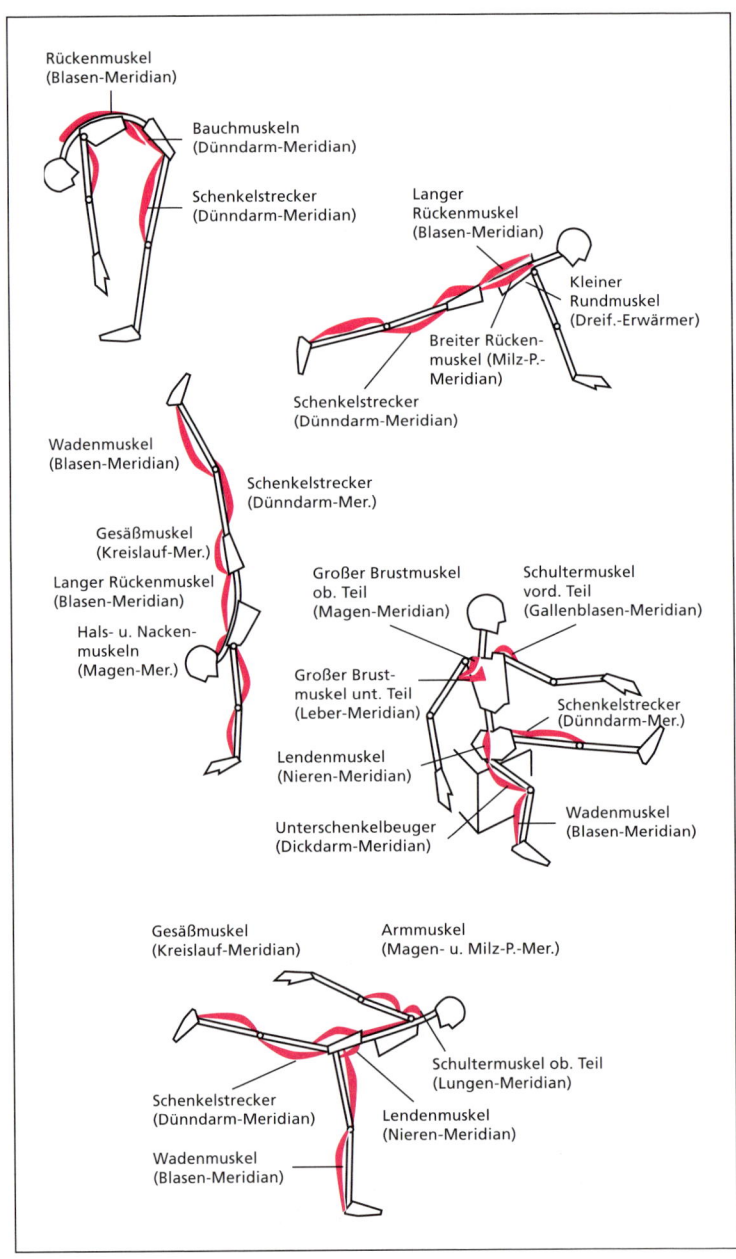

Rückenmuskel
(Blasen-Meridian)

Bauchmuskeln
(Dünndarm-Meridian)

Schenkelstrecker
(Dünndarm-Meridian)

Langer
Rückenmuskel
(Blasen-Meridian)

Kleiner
Rundmuskel
(Dreif.-Erwärmer)

Breiter Rücken-
muskel (Milz-P.-
Meridian)

Schenkelstrecker
(Dünndarm-Meridian)

Wadenmuskel
(Blasen-Meridian)

Schenkelstrecker
(Dünndarm-Mer.)

Gesäßmuskel
(Kreislauf-Mer.)

Großer Brustmuskel
ob. Teil
(Magen-Meridian)

Schultermuskel
vord. Teil
(Gallenblasen-Meridian)

Langer Rückenmuskel
(Blasen-Meridian)

Hals- u. Nacken-
muskeln
(Magen-Mer.)

Großer Brust-
muskel unt. Teil
(Leber-Meridian)

Schenkelstrecker
(Dünndarm-Mer.)

Lendenmuskel
(Nieren-Meridian)

Wadenmuskel
(Blasen-Meridian)

Unterschenkelbeuger
(Dickdarm-Meridian)

Gesäßmuskel
(Kreislauf-Meridian)

Armmuskel
(Magen- u. Milz-P.-Mer.)

Schultermuskel ob. Teil
(Lungen-Meridian)

Schenkelstrecker
(Dünndarm-Meridian)

Lendenmuskel
(Nieren-Meridian)

Wadenmuskel
(Blasen-Meridian)

Muskeln kinesiologisch aktivieren

1. Entnehmen Sie der Grafik auf Seite 115/116 den oder die Muskeln, die für Ihre Sportart wichtig sind oder die Ihnen Probleme bereiten.
2. Entspannen oder stärken Sie diese Muskeln mit der Spindelzell-Technik
3. Suchen Sie den dazu gehörenden Meridian (neben dem Muskelnamen in Klammer angegeben) und
   - massieren Sie die neurolymphatischen Zonen,
   - berühren Sie die neurovaskulären Zonen,
   - massieren Sie die Akupressurpunkte.

Stärkung der Atemmuskeln

Das Zwerchfell ist der wichtigste Atemmuskel. Durch seine Auf- und Abwärts-Bewegung einsteht ein Vakuum, wodurch Sauerstoff in die Lungen gesogen wird.

Das Zwerchfell wird in der angewandten Kinesiologie als Primärmuskel für das gesamte Meridian-System angesehen. Bei einer Zwerchfellblockierung ist das gesamte Meridian-System betroffen.

Das Zwerchfell ist der wichtigste Muskel für die Wettkampfvorbereitung.

Füße

Sensoren in den Fußsohlen haben eine steuernde Funktion auf die Muskelkraft, auf die Koordination von Bewegungsabläufen und das Gleichgewicht.

Vor allem Sportarten, bei denen oft in die Knie gegangen wird und viele Änderungen der Körperneigung erfolgen (Tennis, Squash), aber auch die Start-Position beim Kurzstreckenlauf, erfordern eine gute „Standfestigkeit".

Fuß-Sensoren massieren

Streichen Sie die Fußsohle kräftig sternförmig nach außen und massieren Sie zusätzlich die Zehen nach außen hin.

117

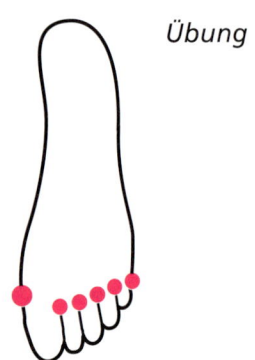

Die Gang-Koordinations-Reflexe

Übung

Die Voraussetzung für alle Bewegungsabläufe, insbesondere für die Bewegungsabläufe und das Halten des Gleichgewichts beim Gehen, ist die Koordination von Muskeln und Muskelgruppen. So kommt es beim Gehen zur Aktivierung von Muskeln auf der einen Seite und zur Entspannung auf der anderen Seite. Dieser Wechsel von Hemmung und Förderung geschieht über die Propriozeptoren in Muskeln, Gelenken, Sehnen und Faszien.

Durch die Massage dieser Punkte kann das Zusammenspiel aller Muskeln im Körper verbessert werden.

Pitch-, Roll- and Yaw-Balance

Eine gestörte neurologische Organisation führt zu Energieverlust. Die Reaktionen, vor allem bei Ballspielen, sind verlangsamt.

Der Name dieser Übung stammt aus der Flugterminologie und bezeichnet die verschiedenen Positionen eines Flugzeugs. Bei dieser Technik geht es um die räumliche Orientierung des Körpers, also um das Raumgefühl.

Der Körper ist stets bestrebt, die drei Achsen – oben/unten, vorne/hinten, rechts/links – parallel auszurichten. Eine ungenaue Ausrichtung beeinflusst die Zusammenarbeit von Kreuzbein, Wirbelsäule und Schädelknochen und damit die Schädelatmung und die Gehirnprozesse.

Dies kann zu Rückenproblemen, Gleichgewichtsproblemen, aber auch zu Schwindel, Konzentrationsproblemen, mangelndem räumlichen Sehen und anderen, scheinbar unerklärlichen Problemen führen.

Die Korrekturen wirken auf Kreuzbein, Wirbelsäule und Schädelknochen und bewirken eine verbesserte Schädelatmung.

Zur Durchführung der Pitch-, Roll- and Yaw-Übungen wird eine zweite Person benötigt.

Durchführung der Übung:

Pitch betrifft die horizontale Achse Kopf – Becken in der Seitenansicht, d. h. die Auf- und Abwärts-Bewegung. Wenn die Koordination dieser Achse nicht stimmt, kommt es zu unmerklichen Vor- oder Rückwärtsneigungen und entsprechenden Problemen bei bestimmten Tätigkeiten.

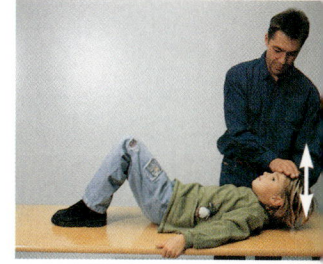

1. Legen Sie sich mit angewinkelten Beinen auf eine Liege oder einen Tisch. Eine zweite Person hält Ihren Kopf am Hinterkopf und an der Stirn.
2. Atmen Sie ein und drücken Sie beim Ausatmen sanft gegen den Widerstand der Hand – mit der Stirn nach oben, mit dem Hinterkopf nach unten. Halten Sie dabei nicht den Atem an. Ca. fünfmal wiederholen.

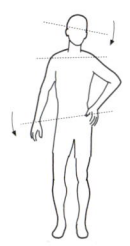

Roll betrifft die horizontale Achse von Kopf, Schulter, Becken von vorne gesehen. Störungen können zu Gleichgewichtsproblemen, z. B. beim Reiten, führen.

1. Sie liegen auf dem Rücken, die angewinkelten Beine fallen locker zur Seite, der Kopf ist zur anderen Seite gedreht.
2. Drücken Sie beim Ausatmen sanft Ihren Kopf (mit der Schläfe) gegen die Hand nach oben und unten. Ca. fünfmal wiederholen.
3. Wiederholen Sie die Übung mit Kopf und Beinen zur entgegengesetzten Seite.

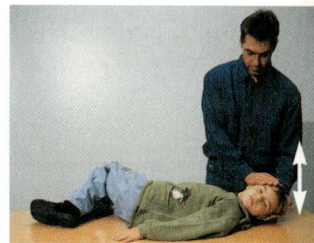

Yaw betrifft die vertikale Achse Kopf – Schulter – Becken. Bei Störungen dieser Achse kommt es zu Verdrehungen von Becken, Schultern oder dem Hinterhauptbein.

1. Sie liegen wie bei der Roll-Übung, den Kopf zur Seite gedreht, die angewinkelten Beine fallen locker zur anderen Seite. Die Hände der zweiten Person liegen auf der Stirn und am Hinterkopf.

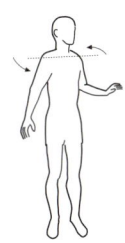

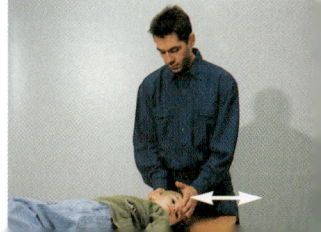

2. Drücken Sie sanft beim Ausatmen gegen die Hand. Erst mit der Stirn, dann mit dem Hinterkopf. Der Kopf sollte dabei nicht gedreht werden.
3. Wiederholen Sie die Übung mit zur anderen Seite hin gewandtem Kopf und Beinen.

Hirnleistung und Sport

Die Integration der beiden Hirnhemisphären ist Voraussetzung für die Körperkoordination.

Der Einsatz beider Hirnhälften ist nicht nur beim Lernen und für geistige Tätigkeiten wichtig, sondern auch für den Sport, denn Bewegung wird vom Gehirn gesteuert:
• Bewegungen des rechten Armes oder Beines sowie das rechte Auge
  → von der linken Gehirnhälfte
• der linke Arm, das linke Bein, das linke Auge
  → von der rechten Hirnhälfte

Bei jeder Tätigkeit werden Signale vom Gehirn zu den gerade benötigten Muskeln geschickt, um die entsprechenden Muskeln anzuspannen oder zu entspannen. Von den Muskeln werden über Rezeptoren die Dehnung und Länge der einzelnen Muskeln und die Stellung von Gelenken gemeldet. Da die Bewegungen zum größten Teil von der jeweils gegenüberliegenden Hirnhälfte gesteuert werden, ist der Zugriff auf beide Seiten wichtig.
Eine mangelnde Koordination zeigt sich durch
  → Verkrampfung
  → „Ladehemmung" beim Start, verlangsamte Reaktionen, z. B. beim Ballfangen
  → Stolpern
  → Der Sport wird mit zu viel Kraft- oder Energieaufwand betrieben.
  → Rasche Ermüdbarkeit

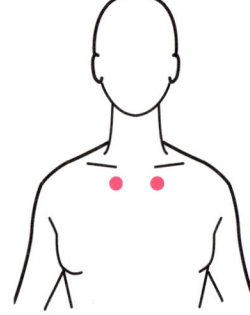

➜ Bestimmte Bewegungen und Drehungen bereiten immer wieder Schwierigkeiten.

➜ Gleichgewichtsprobleme, z. B. beim Reiten, Voltigieren oder Geräteturnen

Übungen für die Hirn-Körper-Koordination

• Überkreuzbewegung (siehe Seite 32, 47)
Die Überkreuzbewegung ist nicht nur als Hilfe für besseres Lernen geeignet, sondern kann auch als Aufwärmübung vor sportlicher Betätigung angewendet werden, insbesondere vor einem Wettkampf.

• Liegende Acht (siehe Seite 32)

• Fußpumpe (siehe Seite 34 f.)

• Wadenpumpe (siehe Seite 33)

• Hirnknöpfe rubbeln (siehe Seite 63)
Die Hirnknöpfe sind Akupunkturpunkte des Nieren-Meridians. Sie liegen unterhalb des Schlüsselbeins und werden kräftig massiert. Die Massage hilft, Stress abzubauen und fördert die Links-Rechts-Koordination.

Die Augenkoordination

Auch bei den Augen kommt es vor, dass sie nicht zusammenarbeiten. Viele Menschen benutzen nur ein Auge; sie schielen zwar nicht, aber die Wahrnehmung eines Auges wird einfach ausgeblendet. Man nennt diesen Zustand Ambliopie.

Auch die Augen können abgeschaltet sein.

Vor allem bei Ballspielen – Tennis, Volleyball und Fußball –, bei Hoch- und Weitsprung, also bei allen Sportarten, bei denen die Einschätzung von Entfernung und Richtung eine Rolle spielt, ist es wichtig, dass das gesamte Gesichtsfeld benutzt wird.

Unter Stress kann es vorkommen, dass eine oder mehrere Blickrichtungen blockiert sind. Das „Verschlagen von Bällen" kann eine Folge von derartigen Seh-Blockaden sein.

Testen Sie, ob Ihre Augen zusammenarbeiten:

Halten Sie einen bunten Stift senkrecht in ca. 10 cm Entfernung vor Ihre Nase und schauen Sie auf einen Gegenstand in der Ferne. Der Stift müsste nun doppelt erscheinen. Wenn das nicht der Fall ist, ist ein Auge abgeschaltet. Wenn man einen Gegenstand Ihrem Auge nähert, müssen beide Augen nach innen wandern.

Übungen zur Augen-Koordination:
*   Brain-Gym-Übung „liegende Acht" (siehe Seite 32)

Das Tor
Ziel der Übung:
*   Fusionieren (Fixieren eines Gegenstandes mit beiden Augen)
*   dreidimensionales, räumliches Sehen

Durchführung der Übung:
*   Halten Sie wie beim Test einen Stift vor die Nase, aber nur in 5 cm Entfernung. Ein weiterer Stift wird nun mit der anderen Hand 10 cm weiter entfernt gehalten. Sie schauen auf den weiter entfernten Stift. Dabei sollte der Stift vor der Nase doppelt erscheinen. Dann schauen Sie auf den Stift vor der Nase. Nun sollte der weiter entfernte Stift zweimal erscheinen. Wenn das nicht der Fall ist, nähern Sie den Stift noch weiter der Nase. Sie beginnen in der Position, in der ein Stift doppelt erscheint, und verlängern die Entfernung kontinuierlich. Die Übung wird solange durchgeführt, bis der 10 cm entfernte Stift vor der Nase doppelt erscheint, wenn Sie auf einen weit entfernten Gegenstand schauen und diesen Gegenstand doppelt sehen, wenn Sie auf den Stift schauen. Bei Kindern kann es am Anfang nötig sein, einige Stunden am Tag das aktive Auge mit einer Augenklappe abzudecken, damit das abgeschaltete Auge wieder lernt, seine Funktion auszuüben.

„Sabotageprogramme" hindern uns am Erfolg!

Mentales Training mit Kinesiologie

Wenn wir sehr früh einmal die Erfahrung von Misserfolg gemacht haben, wird unser Gehirn immer wieder nach den Mustern dieser Erfahrungen reagieren und wir werden bei ähnlichen Ereignissen immer wieder unbewusst die damit verbundenen Emotionen erleben. So gehen wir schon voller Selbstzweifel an eine Sache heran, oft schon in der Erwartung, dass es doch „wieder schief geht".

Mit dem Halten der positiven Punkte kann man diese Blockaden lösen und damit auch die Einstellung verändern.

Wettkampfvorbereitung: positive Punkte halten
Durchführung der Übung:
1. Setzen Sie sich ein positives Ziel. Nicht: „Ich möchte gewinnen", sondern: „Ich gewinne." – Nicht: „Ich möchte beim Spiel ruhig bleiben", sondern: „Ich bleibe ruhig."
2. Halten Sie die Punkte und denken Sie an das kommende sportliche Ereignis.
3. Nehmen Sie Ihren Körper wahr. Wie fühlt es sich an, wenn Sie an den Wettkampf denken? Kribbelt es im Bauch, spannt sich der Rücken an, kommt Angst hoch?
4. Betrachten Sie sich aus der Zuschauerperspektive und überlegen Sie, was der Person, die Sie da beobachten, helfen könnte. Mut? Ruhe? Selbstbewusstsein?
5. Ändern Sie die Situation, indem Sie der Person in Ihrem Film die neuen Eigenschaften „schicken". Verwenden Sie dazu Farben, Symbole oder vielleicht ein Tier.
6. Spielen Sie die positive Situation nun noch einmal in Gedanken durch. Sehen Sie sich, wie Sie alle Hindernisse nehmen, Ihre Gegner überholen, wie Sie siegen.
7. Wie fühlt es sich jetzt an? Nehmen Sie bewusst die Veränderung wahr und freuen Sie sich über Ihren sportlichen Erfolg.

Wenn Sie das mentale Training mit Ihrem Kind durchführen, halten Sie ihm die positiven Punkte, während es an seinen Wettkampf denkt und führen Sie es mit Fragen:

- Wie soll dein Wunschsatz heißen? (Ziel)
- Denk an das Spiel. Wie fühlt es sich an? Was passiert in deinem Körper, wenn du an das Spiel / den Wettkampf denkst?
- Stell dir vor, du wärst ein Zauberer. Was würdest du dem Jungen schicken? Mut? Gelassenheit? Oder ein „Locker-Sein-Gefühl"?
- Was könntest du dem Jungen schicken, damit er mutig wird? Eine Farbe, ein Tier, ein schönes Bild?
- Schick es dem Jungen.
- Schau mal, wie er jetzt spielt. Was ist jetzt anders? Wie fühlt es sich jetzt an?

Wenn eine bestimmte Bewegung Probleme macht, z. B. die Rückhand beim Tennis, nehmen Sie diese Haltung ein und halten dabei Ihre Stirnpunkte (oder lassen Sie sie halten). Dadurch wird der Stress, mit dem diese Haltung oder Bewegung gekoppelt ist, gelöst.

Nun wünschen wir Ihnen viel Spaß mit Kinesiologie!

Anhang

Literaturverzeichnis

Andrews, E.: Muskel Coaching – angewandte Kinesiologie in Sport und Therapie. VAK, 1995

Bäcker, B.: Kinesiologie in der naturheilkundlichen Praxis. Sonntag-Verlag, 2000

Bäcker, B./Decker, F.: Kinesiologie mit Kindern. Urania, 3. Aufl. 2000

Decker, F.: Energie-Balance. Heidelberg, 1999

Decker, F.: Mind Fitness. Martin, 1992

Decker, F.: Mind Coach. Ravensburger Buchverlag, 1997

Decker, F.: Die neuen Methoden des Lernens und der Veränderung. Lexika, 2. Aufl. 1994

Decker, F.: Gesundheit im Betrieb. Leonberg, 2001

Dennison, G. E./Dennison, P. E.: Das Handbuch der Edu-Kinestetik. VAK, 12. überarb. Aufl. 1996

Dennison, G. E./Dennison, P. E.: Brain-Gym. VAK, 8. Aufl. 1996

Dennison G. E./Dennison, P. E./Teplitz J. V.: Brain-Gym fürs Büro. VAK, 1996

Diamond, J.: Der Körper lügt nicht. VAK, 1996

Goodrich, J.: Natürlich besser sehen. VAK, 1989

Hannaford, C.: Bewegung ist das Tor zum Lernen. VAK, 2. Aufl. 1996

Hannaford, C.: Gesundheit im Betrieb. Leonberg, 2001

Harold, H./Finck, H.: Ich fühle mich krank und weiß nicht warum. Ehrenwirth, 1990

Klinghardt, D.: Lehrbuch der Psycho-Kinesiologie. VAK, 1996

Köster, S. A.: Wie Sonnenschein und Puschel sich ihre Welt verzaubern. VAK, 1999

Oberbeil, K.: Neugeboren durch Biostoffe. Südwest, 1994

Ostemeier-Sitkowski, U.: Augentraining. Midena, 1998
Promislow, S.: Startklar für volle Leistung. Kirchzarten, 2000
Rapp, D.: Ist das Ihr Kind? Versteckte Allergien bei Kindern und Erwachsenen. Promedico, 3. Aufl. 1998
Randolph T./Moss R.: Allergien: Folgen von Umwelt und Ernährung. Müller, 5. Aufl. 1990
Rochlitz, T.: Die fehlende Dimension: Energiebalance. Knaur, 1989
Schott, B.: Cool bleiben. NLP – das Psycho-Power-Programm. rororo, 1994
Scott, J.: Allergie – und der Weg, sich in wenigen Minuten davon zu befreien. VAK, 1990
Thie, J.: Gesund durch Berühren. Sphinx, 6. Aufl. 1989
Thomas, L.: Nimm 10 – alles, was Sie brauchen, in zehn Nahrungsmitteln. VAK, 2000

Hilfreiche Adressen

In Deutschland:
Deutsche Gesellschaft für angewandte Kinesiologie (DGAK), Eschbachstr. 5, 79194 Kirchzarten, Tel.: 07661/98710, Fax: 07661/98749.
Dort erhalten Sie Adressen von kinesiologisch ausgebildeten Therapeuten und kinesiologischen Beratern.

Institut für angewandte Kinesiologie GmbH (Adresse siehe oben). Ausbildungen für Laien und Therapeuten

Institut für angewandte Kinesiologie und Naturheilkunde Meersburg, Brigitte Bäcker, Allmendweg 3, 88709 Meersburg, Tel.: 07532/9528, Fax: 07532/47148, E-Mail: Kinesiologie.meersburg@t-online.de, Internet: Kinesiologie-Meeersburg.de

Institut für Mindconcept und geistige Fitness. Ausbildung, Beratung, Management, Prof. Dr. Franz Decker, Karl-Erb-Ring 112, 88213 Ravensburg, Tel.: 0751/94291, Fax: 0751/96612, E-Mail: Prof.Decker@t-online.de

International College of Applied Kinesiology (ICAK), Leopoldstr. 33, 80802 München, Fax: 0180/ 505255446855, Tel.: 0700/ 42251333, E-Mail: AK@ICAK-D.de.
Adressen von kinesiologisch ausgebildeten Therapeuten (Ärzte, Heilpraktiker, Physiotherapeuten), Ausbildung für Angehörige medizinischer Berufe.

In der Schweiz:
Institut für Kinesiologie, Josefstr. 53, CH-8005 Zürich, Tel.: 01/2724515, Fax: 01/2831545

In Österreich:
Ärztegesellschaft für Applied Kinesiology, St. Veiter Str. 34, A-9020 Klagenfurt, Tel.: 0463/585635, Fax: 0463/514222.
Adressen von Therapeuten, Ausbildung für Angehörige medizinischer Berufe

Linzer Institut für angewandte Kinesiologie, Zehetlandstr. 45, A-4060 Leonding, Tel.: 0732/680470

Register